Mosaik
bei GOLDMANN

Buch

Die ständig steigende Bewerberzahl und der zunehmende Wettbewerb um Ausbildungs- und Arbeitsplätze machen es unumgänglich, sich positiv aus der Masse der Konkurrenten abzuheben. Sabine Hertwig zeigt praktische Tipps und Anleitungen für die Bewerbung. Sie bietet in ihrem Buch Bausteine, Checklisten und Beispiele an, die für die attraktiv und sympathisch wirkende persönliche Mappe wichtig sind, und erklärt, welche Regeln für die Online-Bewerbung gelten und was die Arbeitgeber vom Bewerber wirklich erwarten.

Autorinnen

Sabine Hertwig, Germanistin, ist Kommunikationstrainerin und leitet das Berliner Büro [beruf + konzept], das aus dem ehemaligen Büro für Berufsstrategie Hesse/Schrader hervorgegangen ist. Das Team besteht aus Geisteswissenschaftlern, Psychologen, Betriebswirten sowie Pädagogen und verfügt über langjährige Erfahrung in den Bereichen Bewerbungstraining, Berufsberatung und -training.

Dr. Dorothea Kress, Soziologin, ist Sachbuchautorin, Dozentin im Weiterbildungsbereich und Bewerbungstrainerin in Berlin.

Von Sabine Hertwig außerdem
bei Mosaik bei Goldmann erschienen:

Der Testtrainer (16323)
Bewerbungstipps aus der Chefetage (16337)

SABINE HERTWIG
Unter Mitarbeit von Dr. Dorothea Kress

Die perfekte Bewerbungsmappe

Erfolgreich bewerben
leicht gemacht

Mosaik
bei GOLDMANN

Umwelthinweis:
Alle bedruckten Materialien dieses Taschenbuches
sind chlorfrei und umweltschonend.

Originalausgabe Juni 2002

Umschlaggestaltung: Design Team München
Fotos: Regine Peter, Berlin
Redaktion: Dunja Reulein
Satz: Barbara Rabus, Sonthofen
Druck: GGP Media, Pößneck
Verlagsnummer: 16336
Kö · Herstellung: Max Widmaier
Printed in Germany
ISBN 3-442-16336-6
www.goldmann-verlag.de

1 3 5 7 9 10 8 6 4 2

Inhalt

Einleitung

Wie entwickelt man eine perfekte Bewerbungsmappe? Ein 08/15-Bewerbungsanschreiben, ein paar alte Zeugnisse und ein Standardlebenslauf sind nicht gut genug. Was den Personalchef überzeugen soll, muss wohlüberlegt und gut strukturiert sein. Denn auf dem Weg zum Traumjob stellen sich viele Fragen. Worauf kommt es bei einer optimalen Präsentation an? Wie formuliere ich ein gutes Anschreiben? Wie sieht ein aussagekräftiger Lebenslauf aus?

Bei der Erstellung der schriftlichen Bewerbungsunterlagen wollen wir Sie Schritt für Schritt begleiten, indem wir jeden einzelnen Bestandteil der Mappe ausführlich erklären. Den Großteil des Buches machen die zahlreichen praktischen Beispiele von erfolgreichen Kandidaten aus, die jeweils vorgestellt und kommentiert werden. Wie Sie sehen werden, können Sie ganz unterschiedlich an die Gestaltung der Bewerbungsunterlagen herangehen. Das Besondere an diesem Buch ist die umfassende Präsentation eines Qualifikationsprofils. Dieses Element der schriftlichen Selbstdarstellung wird bisher noch viel zu wenig genutzt.

Schwerpunktmäßig konzentriert sich der vorliegende Ratgeber auf Berufstätige mit ersten Berufserfahrungen, welche die nächste Stufe ihrer Karriereleiter erklimmen wollen. Wir weisen an dieser Stelle ausdrücklich darauf hin, dass die Beispiele nur als Anregung gedacht sind – keinesfalls sollten Sie darangehen, sich Ihre Mappe aus diversen Versatzstücken zusammenzustellen. Wir raten Ihnen: Nutzen Sie die Anregungen, aber formulieren und gestalten Sie Ihre ganz individuelle Präsentationsmappe. Wie Sie dabei am Besten vorgehen, erfahren Sie auf den folgenden Seiten ...

Konzeption der perfekten Mappe

Selbsterkenntnis ist der erste Schritt

Was haben Sie einem potenziellen Arbeitgeber anzubieten?

Beginnen Sie mit einer umfangreichen Recherche bei der Person, die Sie am besten kennen: bei sich selbst. Noch bevor Sie darangehen, Ihre ganz persönliche Bewerbungsmappe auszuarbeiten, müssen Sie wissen, was Sie einem Arbeitgeber anzubieten haben. Das ist die grundlegende Voraussetzung dafür, sich auf dem Arbeitsmarkt erfolgreich »verkaufen« zu können. Beginnen Sie mit einer genauen Analyse Ihrer Fähigkeiten. Dabei kommt es nicht nur auf die fachlichen Qualifikationen, die so genannten Hard Skills an. In zunehmendem Ausmaß interessieren sich Firmen dafür, welche Soft Skills ein Bewerber vorzuweisen hat. Da sich die konkreten beruflichen Anforderungen immer schneller wandeln, sind Eigenschaften wie Lernbereitschaft, Flexibilität sowie soziale und kommunikative Kompetenzen gefragt. Wenn Sie über die entsprechenden Schlüsselqualifikationen verfügen und den zukünftigen Arbeitgeber in einer Bewerbung davon überzeugen können, haben Sie klare Vorteile gegenüber anderen Bewerbern. Und darauf kommt es an: auf das, was Sie von anderen Bewerbern positiv abhebt.

Die beste Basis für eine gelungene Präsentation ist eine reflektierte Bestandsaufnahme Ihrer persönlichen Fähigkeiten, Kenntnisse und Eigenschaften. Nehmen Sie ein Blatt Papier und einen Stift zur Hand und fragen Sie sich:

- Was kann ich ganz besonders gut?
- Welche Eigenschaften zeichnen mich aus?
- Welche Fähigkeiten will ich mir noch aneignen?
- In welcher Branche möchte ich am liebsten tätig sein?
- Welche Position möchte ich erreichen?
- Welchen persönlichen Einsatz will ich bringen?

Die Hard Skills sind schnell aufgelistet: Schulabschluss, Lehre, Studium, Praktikum, Berufserfahrungen. Doch darüber hinaus kommt es auf die Soft Skills an: Ihre Persönlichkeit, Motivation und Ihre kommunikativen und sozialen Kompetenzen. Das sind die Faktoren, mit denen Sie sich aus der Masse der Bewerber abheben können. Hier liegt Ihre Chance, positiv hervorzutreten und das Interesse eines Arbeitgebers zu wecken.

Was also ist das Besondere an Ihrer Persönlichkeit, welche Eigenschaften zeichnen Sie aus? Die Frage *Wer bin ich?* zielt genau auf diese Charaktermerkmale ab. Als Anregung bieten wir Ihnen einige Beispiele, anhand derer Sie überlegen können, was das Besondere an Ihrer Person ausmacht:

- Durchsetzungsvermögen
- Überzeugungskraft
- Leistungsbereitschaft
- Verantwortungsbewusstsein
- Zuverlässigkeit
- Konfliktfähigkeit
- Urteilsfähigkeit
- Einfühlungsvermögen
- Kollegialität
- Lernbereitschaft
- Flexibilität
- Kreativität

- Humor
- Begeisterungsfähigkeit
- Zielorientierung
- Rasche Auffassungsgabe
- Abstraktes und analytisches Denken
- Ergebnisorientiertes Denken
- Prozessorientiertes Denken
- Pragmatismus

Das persönliche Profil

Ihre Selbsterforschung sollte schließlich dazu führen, dass Sie ein persönliches Profil erstellen, das bei Ihrem zukünftigen Arbeitgeber Interesse weckt – und ihn dazu verleitet, Sie zu einem Vorstellungsgespräch einzuladen.

Dafür ist es mit einer abstrakten Aufzählung von Eigenschaften nicht getan. Um wirklich zu überzeugen, müssen Sie die persönlichen Qualifikationen in einen beruflichen Erfahrungskontext stellen. Wo haben Sie Einfühlungsvermögen oder ergebnisorientiertes Denken unter Beweis gestellt? In welchen Bereichen waren Sie kreativ und was haben Sie damit bewirkt? Und Ihr Durchsetzungsvermögen, wo war das gefragt und welches Ergebnis haben Sie damit erreicht? Folgende Fragen können Sie weiterführen:

Wo hatten Sie das Gefühl, Sie sind für etwas besonders begabt?

____

____

Was hat Ihnen in Ihrem bisherigen Job/in der Ausbildung am meisten Spaß gemacht?

____

____

Worauf sind Sie besonders stolz?

____

____

Was war Ihr bislang größter beruflicher Erfolg und auf welchen persönlichen Eigenschaften beruht dieser?

____

____

Wer ist ein wichtiges Vorbild für Sie und warum?

____

____

Ihr besonderes Engagement gilt …

____

____

Warum waren Sie im Team/bei Kollegen beliebt?

____

____

Wurden Sie öfter um Rat gefragt? Wenn ja, in welchen Bereichen?

____

____

Sammeln Sie mit den Antworten Material für Ihr »spezielles Angebot«. Gefragt ist ein unverwechselbares, positives Image, das sich dem Leser einprägt.

Die AIDA-Formel

Jede gute Werbung verleiht dem Produkt Individualität, so sollte es auch mit dem Werbeprospekt in eigener Sache sein. Profis aus dem Metier verweisen immer wieder auf die Formel AIDA. Gemeint ist damit ein mehrstufiges Modell zur Optimierung der Werbewirkung:

A *Attention:* Aufmerksamkeit erregen
I *Interest:* Interesse wecken
D *Desire:* einen Wunsch nach dem Produkt erzeugen
A *Action:* eine Handlung veranlassen

Angewendet auf die Bewerbungssituation bedeutet dies, Sie müssen den Arbeitgeber über vier Stufen führen, um zum Ziel – der Einladung zum Vorstellungsgespräch – zu gelangen:

A *Attention:* Aufmerksamkeit erlangen Sie, indem Sie Ihre Unterlagen den Anforderungen und Bedürfnissen des zukünftigen Arbeitgebers anpassen und sich durch einen persönlichen Stil von den anderen Bewerbern abheben.
I *Interest:* Interesse erwecken Sie mit einer klaren, überzeugenden Präsentation und den richtigen Argumenten.
D *Desire:* Der Wunsch des Arbeitgebers, Sie kennen zu lernen, wird durch adressatengerechte Präsentation und klare Argumente ausgelöst.
A *Action:* Das Bedürfnis wird den potenziellen Chef zur Aktion schreiten lassen: Sie zum Vorstellungsgespräch einzuladen.

Was Sie in den Bewerbungsunterlagen vermitteln, sollte die Summe Ihrer fachlichen und persönlichen Qualifikationen sein, verknüpft mit Ihrem individuellen Stil und der Motivation für den neuen Job. Letzteres stellt einen wichtigen Baustein in der

Konzeption Ihrer Bewerbungsunterlagen dar. Man erwartet von Ihnen eine plausible Begründung für den nächsten Schritt Ihrer Berufskarriere. Warum bewerben Sie sich bei diesem Unternehmen? Voraussetzung für die überzeugende Begründung Ihrer Motivation ist, dass Sie sich darüber im Klaren sind, was Sie zu dem neuen Schritt in Ihrer Karriere bewegt. Grundsätzlich können dies mehrere Möglichkeiten auf Ihrem Berufsweg sein:

- ein Neuanfang (Sie wollen etwas ganz Anderes ausprobieren),
- ein Quereinstieg (Sie wollen Ihre Fähigkeiten auf einem neuen Gebiet einsetzen),
- eine Fortsetzung des Weges (verbunden mit besseren Aufstiegschancen, erweiterter Verantwortung, mehr Abwechslung etc.),
- ein Wiedereinstieg (nach einer Familienphase, Krankheit etc.).

Die Begründung für den Stellenwechsel sollte selbstredend positiv formuliert werden. Um die Frage nach dem »Warum?« aber umfassend beantworten zu können, müssen Sie noch etwas weiter ausholen. Sie brauchen eine Vision!

Gehen Sie in sich, schließen Sie die Augen und versuchen Sie, eine Vorstellung von Ihrem zukünftigen Traumjob zu entwickeln. Fragen Sie sich:

- Wo möchte ich in fünf Jahren stehen?
- Was will ich an meinem Leben verändern?

Malen Sie sich die neue Situation in farbenfrohen Details aus. Halten Sie Ihre Vision schriftlich oder als Bild fest. Wichtig sind die Impulse und Energien, die von dieser Zukunftsvision ausstrahlen und Sie motivieren. Die Liste möglicher Motive für eine Bewerbung ist lang. Sie könnte folgende Punkte enthalten:

- gute Karriere- und Aufstiegschancen,
- interessante inhaltliche Aufgaben,
- Identifikation mit dem Unternehmen,
- gestalterische Freiräume,
- sicherer Arbeitsplatz,
- Gehaltsverbesserung,
- sozialer Aufstieg,
- berufliche Weiterqualifikation,
- Budgetverantwortung,
- klar strukturiertes Aufgabengebiet,
- Teamarbeit,
- arbeiten in einem guten Betriebsklima.

Überlegen Sie, welche Gründe für Sie zutreffen beziehungsweise fügen Sie weitere hinzu, die für Sie bedeutsam sind und auf Ihre Situation passen. Wie Sie Ihre Motive dann im Anschreiben formulieren beziehungsweise Ihre Botschaft am besten »verpacken« können, sei noch dahingestellt. Ausschlaggebend ist zuerst, dass Sie Klarheit über Ihre Motive gewinnen.

Die Essentials:
- Was haben Sie auf fachlicher Ebene zu bieten? (Hard Skills)
- Was sind Ihre ganz persönlichen Fähigkeiten, die Sie von anderen unterscheiden? (Soft Skills)
- Was ist Ihre Motivation für diesen Job?

Unser Tipp:
Man macht immer wieder die Erfahrung, dass Selbstbild und Fremdbild ganz erheblich voneinander abweichen. Erstellen Sie übungshalber ein Profil Ihrer Kompetenzen und zeigen Sie dieses Freunden und Bekannten. Bitten Sie um ein Feedback. Ist das Bild, das Sie von sich selbst entwerfen, für andere stimmig?

Wenn nicht, wo ist etwas hinzuzufügen oder zu streichen? Oftmals fallen Personen, die Sie gut kennen, noch mehr positive Eigenschaften ein, die Sie als solche gar nicht wahrnehmen, weil sie Ihnen selbstverständlich erscheinen.

Der zweite Schritt: Recherche auf dem Arbeitsmarkt

Nachdem Sie nun über sich selbst und Ihre individuellen Vorzüge gut Bescheid wissen, müssen Sie herausfinden, wer an diesen Qualitäten Interesse haben könnte. Von einer »Blindbewerbung« ist dringend abzuraten – es sei denn, Sie haben massenhaft Zeit und Geld zu verschwenden. Es ist zwar nicht auszuschließen, dass Sie früher oder später irgendeinem Unternehmen gefallen werden, doch die Chancen erhöhen sich beträchtlich, wenn Sie einen anderen Weg einschlagen: Den Weg der Recherche und gezielten Kontaktaufnahme.

Lernen Sie Ihre Zielgruppe kennen! Je genauer Sie die Bedürfnisse und Anforderungen eines Unternehmens erforschen, desto besser können Sie Ihr »Angebot« vermarkten. Holen Sie so viele Informationen wie möglich über das Unternehmen ein, bei dem Sie sich bewerben möchten. Beschäftigen Sie sich nicht nur mit den Fakten und Zahlen, wie Branche, Größe, Anzahl der Mitarbeiter, Umsatz und so weiter, sondern auch mit den Zielen, der Unternehmensphilosophie und -kultur, den Konkurrenten und der Positionierung auf dem Markt. Suchen Sie nach dem Besonderen, das den zukünftigen Arbeitgeber von anderen Firmen positiv unterscheidet. Behalten Sie dabei zwei Fragen im Auge:

- Warum suchen Sie sich speziell dieses Unternehmen aus?
- Was ist für Sie das Besondere?

Dann werden Sie in der Lage sein, das große *WARUM?* des Personalentscheiders überzeugend zu beantworten. Der bloße Hinweis auf die Stellenanzeige führt Sie da nicht weiter. Wenn Sie durch Ihre Recherchen auf ein Unternehmen aufmerksam geworden sind, bietet sich auch eine Initiativbewerbung an. Eigeninitiative und Aktivitäten wissen Arbeitgeber sehr zu schätzen. Ohnehin werden durch Stellenanzeigen nur circa 30 Prozent aller Stellen besetzt, der weitaus größere Teil der Jobs wird über Initiativbewerbungen, Kontakte auf Messen, Recruiting-Veranstaltungen, persönliche Empfehlungen und so weiter vergeben. (Näheres zum Thema »Initiativbewerbung« erfahren Sie weiter unten im entsprechenden Kapitel.)

Als Informationsquellen stehen Ihnen zur Verfügung:

Internet

Haben Sie bereits ein bestimmtes Unternehmen, eine Organisation, einen Verein oder Verband im Visier, ist das Internet eine unschätzbare Quelle. Wenn Sie an das übliche http://www. den Namen der Firma und – nach einem Punkt – die Länderkennung anhängen, haben Sie im Normalfall bereits die richtige Adresse erwischt, zum Beispiel http://www.cisco.de. Sollte sich die Adresse unter dem Namen der Firma nicht ermitteln lassen, recherchieren Sie unter http://www.e-business.iao.fhg.de. Das Fraunhofer-Institut für Arbeitswissenschaft und Organisation hält hier eine Zusammenstellung von Unternehmen bereit.

Auf seiner Homepage präsentiert sich ein Unternehmen so, wie es gerne gesehen werden möchte. Auch diese Informationen können sehr aufschlussreich sein. Zumeist erfahren Sie etwas über die Unternehmenskultur, die Grundsätze der Unternehmensführung, die Mitarbeiter, die Entwicklung des Unternehmens und die Unternehmensziele.

Mit diesen Informationen haben Sie zumindest eine Grundlage für weitere Überlegungen. Können Sie sich vorstellen, für dieses Unternehmen zu arbeiten? Wenn ja, in welcher Position und warum? Wie sieht es umgekehrt aus: Passen Sie zum Unternehmen? Welche Ihrer besonderen Fähigkeiten könnte für die Firma interessant sein?

Informationsbroschüren

Ebenso ergiebig sind interne Informationsbroschüren (zumindest größere Firmen bieten diese an), die Sie über die Presse- oder Marketingabteilung anfordern können. Am besten rufen Sie direkt bei der Firma an und bitten um die Zusendung von Informationen zur Unternehmenstätigkeit, zu den Unternehmenszielen und den Einstiegsmöglichkeiten und Perspektiven für Mitarbeiter. Die meisten Unternehmen sind gerne bereit, Informationsmaterial zu verschicken. Hieraus können Sie auch und vor allem erkennen, wie das Unternehmen gerne gesehen werden möchte, um Ihre Bewerbungsmappe gezielt auf das Image des Unternehmens abzustimmen.

Zeitungen und Fachzeitschriften

Regionale und überregionale Zeitungen bieten jede Menge Informationen für Stellensuchende. Durch das Studium der Stellenangebote können Sie sich einen Überblick über den Arbeitsmarkt in Ihrer Branche verschaffen. Sie erfahren, welche Anforderungen gestellt werden, was geboten wird und vor allem welche Firmen an welchen Orten Mitarbeiter suchen.

In Frage kommen regionale und überregionale Tages- und Wochenzeitungen wie:

- *Frankfurter Allgemeine Zeitung (FAZ)*
- *Süddeutsche Zeitung*
- *Die Welt*

- *Stuttgarter Zeitung*
- *Frankfurter Rundschau*
- *Kölner Stadtanzeiger*
- *Rheinische Post*
- *Hamburger Abendblatt*
- *Das Handelsblatt*
- *Financial Times Deutschland*
- *Die Zeit*

Und in den neuen Bundesländern:

- *Freie Presse*
- *Mitteldeutsche Zeitung*
- *Sächsische Zeitung*

Darüber hinaus existieren Sonderausgaben zu speziellen Themen, beispielsweise der *Hochschulanzeiger* der *FAZ* und die Zeitung *Junge Karriere* des *Handelsblattes.*

Wirtschaftsmagazine und Fachmagazine

Für eine gezielte Recherche müssen Sie auch die Fachzeitschriften Ihrer Branche kennen und lesen. Dabei sind nicht nur die Stellenangebote für Arbeitssuchende interessant, sondern auch Artikel, in denen über die Entwicklungen einer Branche oder eines Unternehmens berichtet wird. Mit einem Anruf beim jeweiligen Wirtschaftsverband, der Innung oder den Gewerkschaften erfahren Sie, welche Publikationen und Fachmagazine es in Ihrer Branche gibt. Folgende Beispiele sind lediglich als Anregung zu verstehen, da die Auswahl riesig ist:

- *Werben & Verkaufen (W&V)* – (für die »Kreativen«: hier dreht sich alles um Werber, Medien, Agenturen, E-Business)

- *Deutsches Anwaltsblatt*
- *Arzt & Wirtschaft*
- *Deutsche Richterzeitung*
- *PC Professionell*
- *MM Maschinenmarkt*
- *IT-Direktor*
- *Börsenblatt des deutschen Buchhandels*
- *Hebammenforum* (Magazin des Bundes deutscher Hebammen e.V.)

Für den allgemeinen Überblick bieten sich Wirtschaftsmagazine an, wie:

- *Capital*
- *Manager-Magazin*
- *Wirtschaftswoche*
- *Business 2.0* (Neue Märkte, Internet-Wirtschaft)

Ortstermine

Lernen Sie das Unternehmen vor Ort kennen: Essen Sie einmal in der Firmenkantine, testen Sie als Kunde inkognito den Service oder inspizieren Sie die Räumlichkeiten und Atmosphäre der möglichen neuen Wirkungsstätte. In größeren Firmen werden Sie kaum auffallen, wenn Sie sich inkognito durch Flure, Hallen und Kantine bewegen.

Netzwerke

Die wichtigste Quelle überhaupt, um an Informationen zu gelangen, sind Gespräche. Plaudern Sie mit Freunden, Bekannten, Fremden, Kneipenbekanntschaften – mit wem auch immer – über Ihre potenziellen Zielgruppen. Überall dort, wo Menschen zusammenkommen und sich über ihr Fachgebiet austauschen, sollten Sie zugegen sein, sei es auf Messen, Vorträgen, Kongressen oder Jobbörsen. Hauptsache, Sie kriegen mit, was in der Branche läuft. Horchen Sie Zielgruppen-Zugehörige über ihre Erfahrungen, Wünsche und Probleme aus. Machen Sie sich ein möglichst konkretes Bild, mit wem Sie es zu tun haben. Vergessen Sie nicht Ihre Visitenkarte – so können Sie sofort einen persönlichen Eindruck hinterlassen. Merken Sie sich den Namen Ihres Ansprechpartners und knüpfen Sie an diesen Erstkontakt im Bewerbungsbrief an.

Bibliotheken

In öffentlichen Bibliotheken werden Sie umfangreiche Nachschlagewerke zu Unternehmen in Deutschland und auch zu multinationalen Konzernen finden. In erster Linie sind hier zu nennen:

- *Hoppenstedt* (mehrere Nachschlagewerke)
- *Taschenbuch des öffentlichen Lebens* von Albert Oeckel
- *Handbuch der Großunternehmen*
- *Jahrbücher der Max-Planck-Gesellschaft*
- *Jahrbücher des Fraunhofer-Instituts*
- *Kompass Deutschland*

Fachmessen

Die Präsentation der Unternehmen auf Fachmessen ist eine ausgezeichnete Gelegenheit zum gegenseitigen Kennenlernen. Fast bei jedem Aussteller bietet sich die Möglichkeit, mit Mitarbeitern, manchmal sogar mit Projektleitern und Personalverantwortlichen, ins Gespräch zu kommen. Hier erfahren Sie die Neuigkeiten und den aktuellen Bedarf an Arbeitskräften aus erster Hand. Auf jeden Fall werden Sie auf einer Messe Informationsmaterial erhalten und erfahren, wer im Unternehmen der richtige Ansprechpartner für Ihre Bewerbung ist. Ein Messebesuch hat darüber hinaus den Vorteil, dass Sie über neue Entwicklungen in Ihrer Branche auf dem Laufenden bleiben. Nach einem Informationsgespräch haben Sie die Chance, Ihre Bewerbungsunterlagen maßgeschneidert für einen Job anzufertigen. Sie wissen jetzt, worauf es ankommt.

Arbeitsamt

Auch die Fachberater und insbesondere die Hochschulteams der Arbeitsämter werden Ihrer Bitte um Informationen zu Unternehmen und Branchen gerne nachkommen. Neben der Beratung von Studierenden zur Studienfachwahl bieten sie Informationsveranstaltungen zu den Themen Berufsbilder und Tätigkeitsfelder für Absolventen an.

Das Arbeitsamt ist online unter http://www.arbeitsamt.de zu erreichen. Das zusätzliche Angebot umfasst Infos zu Greencard, Studien- und Berufsberatung, Geldleistungen, spezielle Vermittlungsdienste für Künstler etc.

Jobbörsen

Die größeren Jobbörsen bieten neben den Stellenangeboten auch eine Menge Informationen und Tipps rund um die Themen Arbeitswelt, Branchen, Berufsbilder, Bewerbungsstrategien und Unternehmen:

- www.jobpilot.de
  Zielgruppe: Berufseinsteiger, Diplomanden, Praktikanten, Fach- und Führungskräfte, Freiberufler, Studenten
  Zusatzangebote: E-Mail- und SMS-Service, Interaktive Community, Newsletter, Chats mit Personalchefs, Bewerbungsberatern etc., Firmen-Profile, Infos zu Berufseinstieg, Karriere, Bewerbung, Jobprofilen und arbeitsspezifischen Themen

- www.monster.de
  Zielgruppe: alle
  Zusatzangebote: E-Mail-Service, Karrieretipps
- www.jobware.de
  Zielgruppe: Fach- und Führungskräfte, Absolventen, Studierende, Azubis
  Zusatzangebote: E-Mail-Service, Karrieretipps, Ratgeber zu Aus- und Weiterbildung, Firmenportraits, Gehälter, Coaching
- www.stellenmarkt.de
  Zielgruppe: Fach- und Führungskräfte
  Zusatzangebote: E-Mail-Service, Karrieretipps
- www.stepstone.de
  Zielgruppe: Fach- und Führungskräfte, Trainees, Diplomanden, Doktoranden, Praktikanten
  Zusatzangebote: Firmen-Lexikon, E-Mail-Service, Karrieretipps
- www.stellenanzeigen.de
  Zielgruppe: Fach- und Führungskräfte sowie Hochschulabsolventen
  Zusatzangebote: E-Mail-Service, Bewerbungstipps, Weiterbildungsangebote, Messekalender, Gehaltsrechner
- www.alma-mater.de
  Zielgruppe: Studenten, Absolventen, Young Professionals
  Zusatzangebote: PR-Mitteilungen aus Hochschulen, Infos zu Studium, Bewerbung und Jobs, Auslandsbewerbungen
- www.berufsstart.de
  Zielgruppe: Studenten, Absolventen, Praktikanten, Volontäre, Studentenjobs, Young Professionals
  Zusatzangebote: Firmenindex, Karrieretipps, Veranstaltungen, E-Mail-Service
- www.jobscout24.de
  Zielgruppe: Angestellte, Hochschulabsolventen, Fach- und Führungskräfte

Zusatzangebote: Tipps zu Ausbildung, Studium und Karriere, Datenbank mit circa 10 000 Weiterbildungskursen, Gehalts-Check

- www.versum.de
  Zielgruppe: Manager, Young Professionals, Spezialisten, Sachbearbeiter, Handwerker
  Zusatzangebote: Jobmagazin, E-Mail-Service, Gehaltsrechner, Bewerbertraining, Who-is-who in der Personalbranche
- www.akademiker-online.de
  Zielgruppe: Studenten, Praktikanten, Absolventen
  Zusatzangebote: Unternehmensinformationen, Firmenportraits

Weitere Informationen zu den Themen Bildung, Berufsstart, Praktika und Traineeplätze können Sie auf den folgenden Seiten finden:

- www.berufswahl.de
- www.bildungsserver.de

Bei den Jobbörsen können Sie auch ein kostenloses Stellengesuch mit Ihrem persönlichen Profil deponieren. Viele Bewerber machen inzwischen – mit großem Erfolg – davon Gebrauch. (Näheres dazu finden Sie im Kapitel »Online-Bewerbung«.)

Stellenanzeigen richtig verstehen

Wenn Sie sich auf eine Stellenanzeige bewerben, ist der Erfolg Ihrer Bewerbung auch von einer systematischen Analyse des Anzeigentextes abhängig. 08/15-Schreiben auf Stellenanzeigen haben kaum eine Chance. Auf eine konkrete Stellenanzeige wird eine konkrete Antwort erwartet, in der Sie alle Informationen über Ihre Ausbildung, Ihre Kenntnisse und Erfahrungen, die für die zu besetzende Stelle von Interesse sind, liefern. Eine adressatengerechte Bewerbung erkennen die Leser vor allem an zwei Dingen:

- Der Kandidat geht im Anschreiben auf die Anforderungen und Wünsche des Unternehmens ein.
- Der Bewerber stellt seine Berufserfahrung im Lebenslauf aussagekräftig dar.

Bevor Sie ein Bewerbungsschreiben formulieren, nehmen Sie den Anzeigentext, legen Sie ein leeres Blatt daneben und überlegen Sie, welche Informationen in der Anzeige enthalten sind. Fragen Sie sich:

- Welches Aufgabengebiet umfasst die Stelle?
- Was sind die unbedingt notwendigen Voraussetzungen?
- Welche persönlichen Eigenschaften werden gewünscht?
- Welches Firmenimage vermittelt die Anzeige?
- Was ist dem Unternehmen wichtig?
- Warum bin ich der/die Richtige für die Position?

Wichtig ist, dass Sie zwischen den unbedingt notwendigen Qualifikationen (Muss-Kriterien) und den erwünschten Voraussetzungen (Kann-Kriterien) unterscheiden. Von letzteren würde der künftige Arbeitgeber auch absehen. Beachten Sie den genauen Wortlaut der Anzeige.

Hilfreich ist es, wenn Sie die Schlüsselwörter und Formulierungen, die für das Firmenimage wichtig sind, unterstreichen. Sie sollten sich diese Worte einprägen und lernen, in der Sprache des Unternehmens zu sprechen. Überlegen Sie auch, ob Sie wirklich zum Unternehmen passen und umgekehrt.

Beispiele für die Analyse von Stellenanzeigen

Beispiel 1

Personalberatung **Excellent Search** *sucht:*

Für ein internationales Unternehmen suchen wir einen unternehmerisch geprägten

Geschäftsführer (m/w)
International Service

Unser Unternehmen ist ein weltweit bekannter Anbieter von **Maschinen und Komplettanlagen für die Herstellung von Verpackungsmitteln** aus natürlichen Rohstoffen. Die führende internationale Position und das starke Wachstum unseres Unternehmens beruhen insbesondere auf einer konsequenten Kundenorientierung und einem ausgeprägten Innovationsmanagement. Unsere Innovationen setzen im Markt richtungweisende Akzente, die sich in klarem Kundennutzen widerspiegeln.
Da wir unsere Führungsposition im globalen Wettbewerb weiter ausbauen wollen, suchen wir **für unsere zu gründende internationale Servicegesellschaft** mit globalem Aktionsradius eine unternehmerisch geprägte und handelnde Führungspersönlichkeit.
Wir erwarten von Ihnen ein **abgeschlossenes Wirtschafts- oder Ingenieurstudium**. Sie haben bereits mehrere Jahre Erfahrung in verschiedenen Funktionen **des Vertriebs vorzugsweise bei internationalen Unternehmen des Maschinen- oder Anlagenbaus** gesammelt. Sie haben dabei Ihre Vertriebsstärke insbesondere im Service- oder servicenahen Bereich bereits erfolgreich unter Beweis gestellt. Moderne Vertriebs- und Servicekonzepte haben Sie selbst entwickelt und im internationalen Kontext praxistauglich und wirtschaftlich Gewinn bringend umgesetzt. Kundenorientierung ist bei Ihnen gelebte Wirklichkeit nach innen wie nach außen. Sie überzeugen als unternehmerische Persönlichkeit und können sich durchsetzen. Ihre Akzeptanz bei Kunden wie Mitarbeitern beruht auf Ihrer hohen fachlichen und sozialen, im internationalen Umfeld gewonnenen Kompetenz. Neben guten Englisch- und EDV-Kenntnissen sind Belastbarkeit, Mobilität, hoher Selbstorganisationsgrad und administrative Kompetenz wesentliche Erfolgsbausteine in einem herausfordernden Umfeld.
Wir bieten Ihnen die seltene Chance, ein breites unternehmerisches Umfeld neu mit aufzubauen und international Ihre Führungskompetenz unter Beweis zu stellen. Dass die Position attraktiv ausgestattet ist, versteht sich von selbst.
Interessiert? Dann würden wir Sie gerne bald kennen lernen. Bitte senden Sie Ihre vollständigen Bewerbungsunterlagen (Lebenslauf, Zeugnisse, Foto) zusammen mit der Angabe Ihres Gehaltswunsches und des möglichen Eintrittsdatums an die von uns beauftragte Personalberatung

Excellent Search
Herrn Torsten Emmert
Martinistraße 2
67225 Frankenthal

Herr Emmert steht Ihnen bei Fragen gerne auch vorab telefonisch unter [...] zur Verfügung.

Unternehmen überlegen sich in der Regel, wie sie in einer Stellenanzeige auftreten. In diesem Fall hat das Unternehmen eine Personalberatung mit der Suche nach einem Geschäftsführer beauftragt. Das kann mehrere Gründe haben:

- Das Unternehmen möchte anonym bleiben – es soll nicht bekannt werden, dass ein Geschäftsführer gesucht wird. Denkbar ist der Fall, dass das Unternehmen interne Umstrukturierungen vornimmt und Kunden und Konkurrenz nichts davon erfahren sollen.
- Firmen mit einem schlechten Image versuchen die Berührungsängste von Bewerbern zu umgehen.
- Man verlässt sich auf die Erfahrungen der Personalberatung für die Besetzung einer Spitzenposition.

Die Selbstdarstellung transportiert das Firmenimage, somit das Bild, das die Firma von sich vermitteln möchte. Was erfahren wir im Auftritt des Unternehmens über die Erwartungen an künftige Bewerber? Zunächst einmal die Tatsache, dass eine Personalberatung konsultiert wurde, dass das Unternehmen anonym bleiben möchte und dass es um eine verantwortungsvolle Position geht. Sehen wir uns das Design der Anzeige und bestimmte Schlüsselwörter näher an, und versuchen wir daraus vorsichtig Schlüsse zu ziehen.

Größe und Design

Die Anzeige umfasst circa ein Viertel der Zeitungsseite. Größe und Auftreten sind Bestandteil des Bildes, das ein Unternehmen nach außen trägt. Die Größe der Anzeige steht im durchaus üblichen Verhältnis zur ausgeschriebenen Position.

Die Anzeige ist in schwarz/weiß gehalten und ohne Fotos, was bei Einschaltung einer Personalgesellschaft nicht ungewöhnlich ist. Auch die Schriftart wird bei Anzeigen nicht dem Zufall überlassen. Excellent Search verwendet eine klare Schrift und ein einfaches Layout. Der Anzeigentext erscheint zweispaltig, ohne Schnörkel oder Extras. Unter der Überschrift »Geschäftsführer (m/w) International Service«, wird das Stellenangebot detailliert beschrieben.

Das Design der Anzeige ist durch und durch sachlich.

Inhalt der Anzeige

Die Headline lautet: »Geschäftsführer (m/w) International Service«, darunter wird im Text das Unternehmen vorgestellt: Es handelt sich um einen Anbieter von Maschinen und Komplettanlagen für die Herstellung von Verpackungsmitteln. Schlüsselworte, die das Unternehmen und seine Ziele kennzeichnen, sind: führende internationale Position, Wachstum, Kundenorientierung und Innovationsmanagement. Gesucht wird ein/e Geschäftsführer/in für eine neu zu gründende internationale Servicegesellschaft. Genannt werden dann die fachlichen Qualifikationen:

- fachliche Kompetenzen
- Vertriebsstärke
- Konzeption von modernen Vertriebs- und Servicekonzepten
- internationale Erfahrung
- gute Englisch- und EDV-Kenntnisse
- administrative Kompetenz

danach die gewünschten persönlichen Eigenschaften:

- Durchsetzungsvermögen
- Akzeptanz bei Kunden und Mitarbeitern
- soziale Kompetenzen

- Belastbarkeit
- Mobilität
- hoher Selbstorganisationsgrad

und schließlich das Aufgabenfeld:

- Aufbau eines breiten unternehmerischen Umfeldes
- international Ihre Führungskompetenz unter Beweis stellen

Worauf kommt es bei der Bewerbung an?

Der interessierte Leser spürt förmlich die bedeutende Marktstellung des Unternehmens und die Dynamik, die das Unternehmen vorwärts treibt. Dementsprechend sind die Anforderungen an den idealen Bewerber formuliert. Dabei werden die fachlichen und persönlichen Anforderungen gleichrangig gewichtet.

Ein Bewerber weiß nun, welche Schwerpunkte das Unternehmen setzt und welchen Stil es bevorzugt. Erfolgreiche, selbstbewusste Macher-Typen sind gefragt, die den Markt erobern. Vor allem weiß er auch, welchen Ton er anschlagen muss, um durch maßgeschneiderte Bewerbungsunterlagen positiv aufzufallen. Excellent Search möchte hören, dass er eine Führungspersönlichkeit ist, die alle fachlichen und extrafunktionalen Anforderungen bestens erfüllt, dass er vertriebsstark und kundenorientiert ist und seine Kompetenzen im internationalen Kontext bereits unter Beweis gestellt hat.

Diese Stellenanzeige ist ein Beispiel für eine Anzeige, die alle notwendigen Informationen enthält:

1. Headline mit Positionsbezeichnung
2. Unternehmensdarstellung
3. Aufgabenbeschreibung

4. Anforderungen beziehungsweise Qualifikationen der Bewerber
5. Leistungen des Unternehmens
6. Adresse und geforderte Unterlagen

Wie einer der vorgestellten Kandidaten, Christoph Meryn, auf die Anzeige antwortet, sehen Sie in den jeweiligen Kapiteln (Anschreiben, Lebenslauf, Qualifikationsprofil).

Beispiel 2

THEODOR SOMMER WERK

Für unsere vor der Eröffnung stehende Sommer-Klinik Würzburg, eine Ambulanz und Tagesklinik für psychologische Medizin in Würzburg, suchen wir zum 1. 4. 2001

eine(n) Sekretär(in) (Vollzeit)

für den Empfang, die Patientenverwaltung, die Privatliquidation, die Erledigung von Sekretariatsangelegenheiten sowie die Buchhaltung.
Wir erwarten ein sicheres Auftreten in Wort und Schrift, eine freundliche und diskrete Art den Patienten gegenüber und Berufspraxis in einem Krankenhaus oder einer Arztpraxis.
Wir bieten ein attraktives Gehalt mit einer erfolgsorientierten Bruttozulage und einen modernen und vielseitigen Arbeitsplatz in gehobener Ausstattung.
Ihre Bewerbung erbitten wir umgehend mit den üblichen Unterlagen an das

THEODOR SOMMER WERK
z.H. Frau Leiprecht
Fliederstraße 7
97054 Würzburg

Worauf kommt es bei der Bewerbung an?

Die Anzeige ist relativ kurz und klar formuliert. Das Unternehmen sucht eine Arbeitskraft, es wird wenig über die Tagesklinik mitgeteilt. Schlüsselworte für die Bewerbung sind hier: sicheres Auftreten in Wort und Schrift, freundliche und diskrete Art, entsprechende Berufserfahrung in Arztpraxis oder Krankenhaus. Das Aufgabengebiet umfasst den Empfang, die Patientenverwaltung, Privatliquidation, Sekretariatsaufgaben und Buchhaltung.

Beispiel 3

ergoline GmbH Diagnostische Systeme

Das Engagement unserer Mitarbeiter, die Qualität unserer High-Tech-Produkte und unsere technischen Innovationen sichern uns eine sehr hohe Anerkennung auf dem medizinischen Markt. Wir zählen zu den dynamischen Unternehmen unserer Branche.
Zur Verstärkung unseres Teams suchen wir schnellstmöglich eine/n erfahrene/n

Kauffrau/mann

für die Sachbearbeitung und Patientenbetreuung in unserem Büro in Würzburg.

Für diese verantwortungsvolle Tätigkeit stellen wir folgende Anforderungen an den Bewerber:

- kaufmännische Ausbildung und entsprechende Berufserfahrung
- gute Kenntnisse im Bereich der Auftragsabwicklung
- EDV-Kenntnisse (MS-Office)
- selbstständiges Arbeiten und engagierte Mitarbeit
- Sicherheit im telefonischen Umgang mit Kunden
- Wohnsitz in Würzburg

Wir bieten:

- einen interessanten und sicheren Arbeitsplatz
- Arbeiten mit hoher Eigenverantwortung in einem innovativen Unternehmen
- leistungsgerechte Bezahlung
- übliche Sozialleistungen

Wenn Sie gerne in einem jungen Unternehmen mit einem erfolgreichen Team arbeiten wollen, dann senden Sie bitte Ihre kompletten Bewerbungsunterlagen unter Angabe des Gehaltswunsches an:

ergoline GmbH
Herrn Fiedler
Ulmenallee 17
97044 Würzburg

Worauf kommt es bei der Bewerbung an?

Diese Anzeige für die Aufgabengebiete Sachbearbeitung und Patientenbetreuung ist nach dem Schema »wir suchen – wir bieten« gestaltet. Schlüsselworte, die das Unternehmen kennzeichnen, sind: dynamisches Unternehmen, technische Innovationen, High-Tech-Produkte. Als Anforderungen an Bewerber werden genannt: Engagement, selbstständige und verantwortungsvolle Mitarbeit, kaufmännische Ausbildung, Berufserfahrung, gute Kenntnisse im Bereich Auftragsentwicklung, EDV-Kenntnisse, Sicherheit im telefonischen Umgang mit Kunden sowie Wohnsitz in Würzburg.

Die unterschiedlichen Antworten einer Bewerberin, Anna Weismann, auf die beiden Anzeigen finden Sie in den entsprechenden Kapiteln.

Beispiel 4

Die **TIFF Entwicklungs-Gesellschaft Augsburg GmbH & Co. KG** saniert im Schwarzwald die so genannte »Stadt im Gebirge« und entwickelt weitere Bauträgermaßnahmen, deren Realisierung circa 10 Jahre in Anspruch nehmen wird. Wir verstärken unser Team in Augsburg und suchen hierfür ab 1. 10. 2001 eine/n engagierte/n

Assistenten/in der kaufmännischen Geschäftsleitung

Ihre Aufgabe:

- Unterstützung der Geschäftsleitung bei strategischen, wirtschaftlichen, planerischen und geschäftspolitischen Aufgaben.
- Kommunikation und Korrespondenz mit Geschäftspartnern und innerhalb der Unternehmensgruppe.
- Koordination von Projekten und Terminen.
- Eigenverantwortliche Übernahme von Teilprojekten.

Ihre Qualifikation:

- Abgeschlossenes wirtschaftswissenschaftliches Hochschulstudium, idealerweise Berufserfahrung in der Projektentwicklung.
- Konzeptionelle, analytische Fähigkeiten, Kreativität, Organisationstalent, Durchsetzungsvermögen, Belastbarkeit und selbstständiges, eigenverantwortliches Handeln.
- Kommunikationsstärke, gute Englischkenntnisse sowie Sicherheit im Umgang mit MS-Standard-Software.

Unser Angebot:

- Eine interessante und vielseitige Tätigkeit in einem dynamischen Unternehmen, das mit kurzen Kommunikationswegen Freiräume für kreative und innovative Ideen schafft.
- Perspektiven innerhalb der Unternehmensgruppe.
- Ihr Engagement honorieren wir mit einer attraktiven Vergütung.

Worauf kommt es bei der Bewerbung an?

Die Beschreibung der Aufgaben und der geforderten Qualifikationen nimmt den größten Teil der Anzeige ein. Aufgaben und Erwartungen an den Bewerber werden klar formuliert. Die Stellenanzeige vermittelt: Wir sind anspruchsvoll, was fachliche

Qualifikationen und kommunikative Fähigkeiten angeht. Gesucht wird ein Teamplayer mit abgeschlossenem Studium und Projekterfahrung. Der ideale Kandidat ist ein Allroundtalent, belastbar, anpassungs- und durchsetzungsfähig.

Die Bewerbungsunterlagen, von der Bewerberin Martina Seipold aufgrund dieser Anzeige erstellt, finden Sie ebenfalls in den entsprechenden Kapiteln.

Das erste Telefonat

Ein Vorab-Telefonat bei einem Unternehmen kann Ihnen die entscheidenden Informationen für eine maßgeschneiderte Bewerbung liefern. Eine Stellenanzeige spricht Sie an, aber Sie benötigen ein paar zusätzliche Informationen? In der Anzeige oder im Internet ist kein konkreter Ansprechpartner für Ihre Bewerbung genannt?

Auch wenn Sie sich initiativ bewerben wollen, sollten Sie vorab den Bedarf an Mitarbeitern mit Ihren Qualifikationen abklären.

Wenig Verständnis haben Personalchefs aber für spontane Telefonate, bei denen erkennbar wird, dass sich die Anrufer weder mit dem Unternehmen noch mit der Stellenanzeige oder der Position auseinander gesetzt haben.

Unser Tipp:
Telefonate sind dann sinnvoll, wenn der Bewerber mehr Informationen zur ausgeschriebenen Stelle bekommen möchte, um für sich zu klären, ob das Stellenprofil den eigenen Kenntnissen und Fähigkeiten entspricht und sich eine Bewerbung von daher überhaupt lohnt.

Zum Ablauf eines ersten Telefonates:
Bevor Sie zum Telefonhörer greifen, sollten Sie klären, was Sie mit einem Telefonat erreichen möchten. Erst wenn Sie andere Recherchemöglichkeiten genutzt und nicht genügend Informationen erhalten haben, ist ein Anruf bei dem Unternehmen angebracht. Sie müssen damit rechnen, dass die Sekretärin Sie abweisen will oder – im Gegenteil – der Personalverantwortliche ganz unerwartet Zeit und Muße für ein ausführliches Gespräch hat. Zur Vorbereitung eines solchen Telefonats gehört deshalb auch, dass Sie eine Selbstdarstellung in wenigen Sätzen einüben.

Beachten sollten Sie:

- Wählen Sie für den Anruf einen ruhigen Ort und einen geeigneten Zeitpunkt (nicht beispielsweise Montagmorgen, wenn wichtige Team- und Wochenbesprechungen stattfinden).
- Lassen Sie sich mit dem richtigen Gesprächspartner verbinden.
- Begrüßung und Vorstellung: Merken Sie sich den Namen Ihres Gesprächspartners.
- Der richtige Gesprächseinstieg: Der berühmte »erste Eindruck« ist auch bei der telefonischen Kontaktaufnahme wichtig. Zeigen Sie eine freundliche und positive Grundhaltung. Fragen Sie, ob Ihr Gesprächspartner einige Minuten Zeit hat, nennen Sie den Grund des Anrufs und sagen Sie in aller Kürze, was Sie konkret wollen.
- Am besten notieren Sie sich Ihre Fragen vorher schriftlich. Stellen Sie intelligente Fragen, die zeigen, dass Sie sich bereits Gedanken über das Unternehmen und die Stelle gemacht haben.
- Bringen Sie Inhalte auf den Punkt.
- Positiver Abschluss: Bedanken Sie sich für die Informationen.

Zur Präsentation Ihrer Person am Telefon:

- Mobilisieren Sie in Ihrer Selbstdarstellung Sympathie und Interesse beim Gegenüber.
- Stellen Sie Ihre beruflichen Qualifikationen in zwei Minuten dar.
- Verdeutlichen Sie Ihre Berufsbiografie anhand von Beispielen.
- Bringen Sie klar zum Ausdruck, wer Sie sind, was Sie können und was Sie wollen.

Die Bewerbungsmappe: Individualität zählt

Mit einer ausgefeilten und schön gestalteten Bewerbungsmappe gewinnen Sie das Interesse und die Sympathie des potenziellen Arbeitgebers. Von einem Einheitsbrei hingegen fühlt sich niemand angesprochen. Positiv formuliert heißt das: Bewerbungsunterlagen müssen individuell auf den einzelnen Empfänger zugeschnitten werden. Lieber weniger Bewerbungsschreiben verfassen und diese dafür sehr gut konzipieren als eine beliebige 08/15-Mappe massenweise versenden und damit die Schreibtische der Personalabteilungen überschwemmen. Damit landen Sie wahrscheinlich nur auf dem Stapel der Absagen.

Bei der Gestaltung der Bewerbungsmappe kommt es nicht nur auf den Inhalt, sondern auch auf die Verpackung an. Ein ansprechendes Äußeres kann genauso einen positiven Eindruck erzeugen wie außergewöhnliche Fähigkeiten oder besondere Fachkenntnisse. Schon das äußere Erscheinungsbild Ihrer Bewerbungsunterlagen vermittelt einen ersten Eindruck Ihrer Fähigkeiten und Ihrer Persönlichkeit. Die Art der Präsentation sollte selbstredend zu Ihrem Beruf und zum Unternehmen passen, bei dem Sie sich bewerben. Unmittelbar einsichtig ist, dass eine Bewerbung bei der Deutschen Bank oder der Allianz anders formuliert werden muss als eine bei einem Start-up-Unternehmen in der Multimedia-Branche.

Von der Auswahl der Materialien, der Farbe der Mappe bis zur Wahl der Schrifttypen – Möglichkeiten gibt es viele. Wichtig ist, dass Sie schon bei der Konzeption des äußeren Erscheinungsbildes ein möglichst konkretes Bild Ihres zukünftigen Arbeitgebers im Kopf haben. Dann können Sie Ihre Unterlagen harmonisch darauf abstimmen.

Arbeitgeber bevorzugen aussagekräftige, einfach aufgebaute und gut strukturierte Bewerbungsmappen. Dazu gehören unbedingt ein sehr gutes Foto (ausgenommen, Sie bewerben sich in den USA), ein übersichtlicher Lebenslauf und ein kurzes Anschreiben. Der Standard lautet: vollständig, übersichtlich, sachlich, ordentlich und ohne Rechtschreibfehler. Auch in den Kreativberufen wird vor allzu viel modischen Extras gewarnt. Nur wenn Sie eine wirklich originelle Idee haben, sollten Sie davon eine Arbeitsprobe ablegen. Kein Verständnis hingegen haben Personalchefs für aufgeblähte, nichts sagende Bewerbungsmappen.

Zwei Dinge spielen dabei eine Rolle: zum einen die Tatsache, dass Personalchefs attraktiv gestalteten Mappen besondere Aufmerksamkeit schenken, zum anderen die Erfahrung, dass eine schöne Gestaltung mit einem guten Inhalt einhergeht, und umgekehrt. Da die Bewerbungsmappen immer professioneller, aber auch austauschbarer werden, unser Rat:

- Lernen Sie Ihren zukünftigen Arbeitgeber kennen, dann können Sie beurteilen, was ankommt und was nicht.
- Entwickeln Sie ein Gespür für Nuancen, und nehmen Sie sich ausreichend Zeit, um Ihre Bewerbungsunterlagen möglichst perfekt zu gestalten.
- Verwenden Sie keine Bausteine aus vorformulierten Musterbriefen, sondern geben Sie Ihren Unterlagen eine individuelle, persönliche Note!

Die Materialien

Mappe

Gehen Sie in gut sortierte Schreibwarenläden mit großer Auswahl. Dort werden Sie alle Rohmaterialien finden, die Sie zur individuellen Aufmachung benötigen. Abzuraten ist von Plastikmappen mit durchsichtigem Deckblatt, Schnellheftern oder von aufklappbaren Papp-Dreiteilern mit Aufdruck. Damit geben Sie nur einen mangelhaft ausgeprägten ästhetischen Geschmack zu erkennen, oder Sie landen optisch in der Anonymität der Masse. Besser geeignet ist eine umweltfreundliche Papiermappe oder eine Klemm-Mappe in ansprechender Farbe. Eine andere Möglichkeit besteht darin, eine stabile Rückseite aus Pappe zu wählen, eine gute Papierqualität (90g/m² Blätter), eine durchsichtige oder semidurchsichtige Folie für oben auf und das ganze mit einer Klemmschiene zu einem Rundum-Paket zu schnüren. Im Copyshop können Sie Ihre Unterlagen auch mit einer Drahtspirale zu einer leserfreundlichen Mappe zusammenheften lassen. Möglich ist auch eine farblich passende Pappe als Deckblatt mit der genauen Firmen- und Stellenbezeichnung.

Zur Farbwahl: In unserem Kulturkreis werden Farben mit bestimmten emotionalen Begriffen und sinnlichen Vorstellungen assoziiert.

	Emotionale Assoziation	*Sinnliche Assoziation*
ROT	erregend, stark, herausfordernd	heiß, laut, süß
BLAU	passiv, zurückgezogen, sicher, beruhigend	kalt, nass, leise, fern
GELB	fröhlich, sehnsüchtig, frei	leicht, glatt, hell
GRÜN	erfrischend, gelassen, jung, friedlich	kühl, bitter, fruchtig

	Emotionale Assoziation	*Sinnliche Assoziation*
VIOLETT	würdevoll, zwielichtig, unglücklich	faulig-süß, düster, samtartig
ORANGE	herzhaft, lebendig, heiter, anregend, freudig	warm, trocken, süß

Wenn Sie also für Ihre Mappe ein Grün wählen, bringen Sie damit Gelassenheit und Harmonie zum Ausdruck und setzen einen jugendlichen Akzent. Besonders zu empfehlen ist diese Farbe natürlich, wenn Sie sich bei einer Umweltorganisation bewerben. Wählen Sie hingegen die Farbe Rot, dann signalisieren Sie ein bestimmendes Auftreten, gepaart mit Selbstbewusstsein.

Papier und Druck

Am besten eignen sich unlinierte, hochwertige Blätter zu 90 g/m², selbstverständlich ohne Flecken und umgeknickte Ecken. Diese müssen nicht weiß sein, gerne gesehen ist auch Papier in leichter Tönung. Ebenso formgerecht ist ein etwas schwereres Papier mit Wasserzeichen (zum Beispiel von Gohrsmühle). Plastikhüllen für die einzelnen Seiten sind out. Sehr gediegen wirkt ein eigenes Briefpapier. Dies ist aber erst ab einer Gehaltsklasse von 50 000 Euro aufwärts zu empfehlen, sonst wirkt es überkandidelt.

Benutzen Sie einen guten Tintenstrahl- oder – wenn möglich – einen Laserdrucker. Bei der Wahl der Schrifttypen kommt es wiederum darauf an, für welchen Job und bei welchem Unternehmen Sie sich bewerben. Gebräuchlich sind die Schrifttypen Times New Roman oder Arial, wobei Times New Roman in die Kategorie Serifenschrift fällt und ein gewisses konservatives Moment verkörpert, während Arial (ohne Serifen) die modernere Schriftart darstellt. Noch zu nennen sind Palatino, Garamond, Goudy, Helvetica, Futura oder Gill Sans. Wenn Sie sich nicht gerade in der Modebranche oder in einem anderen künstlerischen

Metier bewerben, ist von der Verwendung außergewöhnlicher Schrifttypen gänzlich abzuraten. Im Allgemeinen signalisiert dies deutlich zu viel Extravaganz. Probieren Sie aus, was am besten zu Ihnen passt! Für welche Schrifttype auch immer Sie sich entscheiden – behalten Sie die gute Lesbarkeit im Auge.

Layout

Es gibt eine Vielfalt von Möglichkeiten für das Layout Ihrer Bewerbungsunterlagen. Das Wichtigste ist: Ihre inhaltliche Gestaltung muss auf einen Blick erkennbar und nachvollziehbar sein. Denn die Personalchefs investieren nur wenig Zeit in die einzelnen Bewerbungsmappen, lesen also nicht Wort für Wort oder Zeile für Zeile die entsprechenden Unterlagen. Deshalb sollten Sie einige Grundregeln beherzigen:

- Lassen Sie viel leeren Raum um den Text.
- Der Text sollte übersichtlich gegliedert sein und sinnvolle Absätze enthalten.
- Fassen Sie überblicksartig die wichtigsten Qualifikationen unter entsprechenden Überschriften zusammen.
- Verwenden Sie Schlüsselworte, um die Aufmerksamkeit zu fokussieren.
- Unterscheiden Sie auch in der optischen Aufbereitung zwischen wichtigen und weniger wichtigen Informationen.
- Verwenden Sie niemals mehr als zwei unterschiedliche Schrifttypen! Benützen Sie besser nur eine und strukturieren Sie den Text durch Fettdruck.

Zur Wahl der Schriftgröße: Hier gilt der Grundsatz der Leserfreundlichkeit, also nicht zu klein und unleserlich alles auf eine Seite packen und auch nicht den Inhalt mit großer Schrift auf viele Seiten verteilen. Unter keinen Umständen darf die Übersichtlichkeit leiden. Im Allgemeinen ist die Größe 10 bis 12 für den Textkörper zu empfehlen, für Überschriften können es auch die Größen 12 bis 14 sein.

Weitere Gestaltungsmöglichkeiten ergeben sich in der Wahl zwischen Fettdruck, Großschreibung, Unterstreichung oder Kursivdruck und durch die Verwendung von Punkten, Quadraten etc. zur Hervorhebung einzelner Begriffe. Verwenden Sie diese Markierungen eher sparsam, wohl wissend, dass Sie damit gezielt Akzente und Schwerpunkte setzen.

Beachten Sie beim Zeilenabstand, dass der Text nicht »gequetscht«, sondern »großzügig« wirken sollte.

Verpackung

Ihre Bewerbungsunterlagen werden am besten in eine neue, individuell gestaltete Bewerbungsmappe eingeheftet. Einzige Ausnahme bildet das Anschreiben: Es wird lose auf die Mappe gelegt. Der Grund: Das Anschreiben verbleibt in der Personalabteilung, während die Mappe häufig in die entsprechenden Abteilungen zur Beurteilung weitergereicht wird. Das Ganze wird dann in einem festen, ausreichend frankierten Umschlag versendet.

Die Bausteine

Die erwartete Form einer Bewerbungsmappe setzt sich aus aufeinander folgenden Bausteinen zusammen. Eine vollständige Bewerbung besteht in der angegebenen Reihenfolge aus:

- Anschreiben
- Lebenslauf
- Foto
- Kopien der wichtigsten Zeugnisse

Der Inhalt einer Bewerbungsmappe kann selbstverständlich variiert und durch individuelle Bausteine erweitert werden. In Frage kommen:

- Deckblatt
- Einleitungsseite
- »Dritte Seite«
- Qualifikationsprofil
- Inhaltsverzeichnis
- Arbeitsproben
- Publikationsliste
- Liste von Vorträgen
- Liste von Referenzen

Welche Bausteine für Ihre Bewerbungsmappe sinnvoll und Erfolg versprechend sind, hängt sehr stark von der Stelle und dem Unternehmen ab. In Kreativberufen werden Sie mit fantasievollen Innovationen vermutlich auf größere Resonanz stoßen als bei einer Bewerbung bei der Deutschen Bank.

Es ist übrigens nicht ungewöhnlich, für eine Top-Bewerbung bis zu 40 Stunden aufzuwenden. Nur Bewerber mit viel Erfahrung schaffen es ein bisschen schneller.

Bevor wir uns den einzelnen Bausteinen der Mappe widmen, möchten wir Sie nochmals auf die Essentials für die inhaltliche Gestaltung hinweisen:

1. Gefragt ist eine überzeugende Präsentation Ihres Könnens und Ihrer Person.
2. Vor allem müssen Sie sich in Ihren Bewerbungsunterlagen so darstellen, dass Sie für Ihren zukünftigen Arbeitgeber attraktiv erscheinen und er sich einen Nutzen davon verspricht, Sie einzustellen.

3. Sie erreichen dies, indem Sie die Daten und Stationen Ihres Lebensweges maßgeschneidert und adressatengerecht in eine Ordnung bringen.

Kurz zusammengefasst, geht es bei der Erstellung der Bewerbungsunterlagen ganz zentral um die Benennung Ihrer fachlichen und persönlichen Vorzüge:

- Warum sind Sie der ideale Kandidat für diese Stelle?
- Warum sollte das Unternehmen Sie einstellen?
- Was können Sie dem Unternehmen bieten?
- Was haben Sie in Ihrem beruflichen Werdegang bislang erreicht?
- Was haben Sie den Mitbewerbern voraus?

Und nun geht es ins Detail. Jede Bewerbungsmappe braucht eine Dramaturgie, einen schlüssigen und logischen Aufbau. Wie dieser aussehen kann, erfahren Sie in den folgenden Kapiteln.

Checkliste vor dem Versenden

- Überprüfung auf Vollständigkeit: Unvollständige Unterlagen könnten den Eindruck erwecken, Sie seien schlampig oder unordentlich oder Sie hätten etwas zu verbergen.
- Überprüfung auf formale Korrektheit: Ordentlichkeit ist eine Tugend, die von Ihnen als Bewerber erwartet wird. Grundlegend für Ihre Bewerbungsmappe ist:
  - ein sauberer und ordentlicher Gesamteindruck,
  - vollständiger Absender, inklusive Telefonnummer,
  - richtige Adresse und richtige Anrede,
  - richtiges Deutsch,
  - keine Rechtschreib- oder Tippfehler.

K.O.-Kriterien

Viele Unternehmer schenken der Vorauswahl von Bewerbern nur wenig Zeit. Bei Massenbewerbungen wird oftmals nach einem K.O.-System vorgegangen, mit einer Methode der negativen Auslese. Auf dem Stapel der Absagen landen Sie wenn:

- gleich beim Öffnen der Bewerberpost die Unterlagen einzeln herausfallen,
- angeforderte Unterlagen fehlen,
- die Bewerbermappe nach mehrfacher Benutzung aussieht,
- der Name des Unternehmens nicht korrekt geschrieben ist,
- das Anschreiben Rechtschreibfehler enthält,
- der Lebenslauf unübersichtlich und lückenhaft aufgebaut ist.

Anschreiben

Oftmals haben die Personalverantwortlichen gar nicht die Zeit, alle Bewerbungsunterlagen eingehend zu studieren. Wie Untersuchungen zeigen, investieren die Personalchefs im Durchschnitt drei Minuten in die Prüfung der einzelnen Bewerbungen. Auf Stellenanzeigen gehen meist weit über hundert Bewerbungsschreiben ein, die zudem untereinander alle sehr ähnlich sind. Es kommt deshalb darauf an, dass Ihre Bewerbungsunterlagen in der Flut der Bewerbungen positiv auffallen. Sie erreichen dies, indem Sie bereits im Anschreiben klarmachen, warum gerade Sie der richtige Kandidat für die Stelle sind.

Das Anschreiben vermittelt dem Personalverantwortlichen eine erste Einschätzung vom Bewerber. Bereits hier haben Sie Gelegenheit, Profil und Persönlichkeit zu zeigen und sich damit von Mitbewerbern abzuheben. Wie alle Bestandteile Ihrer Bewerbung sollte es ein Ausdruck von Individualität, gut durchdacht und auf diese spezielle Stelle zugeschnitten sein. Das Anschreiben sollte grundlegende Informationen enthalten und ein möglichst spontanes Interesse für Ihre Person auslösen.

Überlegen Sie: Warum sind Sie der Richtige für die Stelle und das Unternehmen? Nehmen Sie Bezug auf die geforderten fachlichen und persönlichen Qualifikationen, ohne diese wortwörtlich zu wiederholen. Belegen Sie diese stets mit Fakten und konkreten Beispielen aus Ihrer Berufsbiografie.

Ein weiterer wichtiger Punkt: Lernen Sie die »Sprache« des Unternehmens kennen und passen Sie den Stil Ihres Anschreibens dieser an. Auch hier gilt: Vermeiden Sie ein Wiederkäuen von gängigen Schlagwörtern und leeren Worthülsen! Für Positionen mit Kundenkontakt und insbesondere für das gehobene Management wird eine Form der Selbstpräsentation erwartet, in der sprachliches Ausdrucksvermögen zum Ausdruck kommt. Diese Fähigkeit sollten Sie bereits im Anschreiben unter Beweis stellen.

Erfahrungen zufolge werden Bewerbungen umgehend aussortiert, wenn das Anschreiben den Eindruck eines Serienbriefes macht. Weitere K.O.-Kriterien sind inhaltliche oder formale Fehler wie beispielsweise mangelhafte Rechtschreibung. Bedenken Sie, dass circa 30 Prozent aller Bewerbungsschreiben Fehler aufweisen, die sofort zur Ablehnung des Bewerbers führen.

Gestaltung des Anschreibens

Der optische Eindruck der Bewerbungsunterlagen ist mindestens so entscheidend wie der Inhalt. Das Anschreiben sollte möglichst nur eine DIN-A-4-Seite umfassen und auf sauberem, hochwertigem Papier ausgedruckt werden. Zu umfangreiche Anschreiben können dazu führen, dass die Bewerbungsunterlagen möglicherweise erst gar nicht gelesen werden.

Das Anschreiben sollte übersichtlich aufgebaut sein und folgende Punkte in der vorgestellten Reihenfolge beinhalten:

- *Ihren Namen und Ihre vollständige Anschrift*
  Die Gestaltung bleibt dabei Ihnen überlassen. Sie können diese Angaben links oben, als untereinandergesetzten Block, rechtsbündig oder als Kopfzeile konzipieren.
- *Name der Firma, Ihr Ansprechpartner und vollständige Anschrift der Firma*
  Linksbündig und in Blockform. Richten Sie das Anschreiben

an eine konkrete Person. Wenn in der Anzeige kein Name genannt wird, muss dieser telefonisch erfragt werden.

- *Ort und Datum des Schreibens*
  Rechtsbündig
- *Grund des Schreibens*
  Früher wurde hier die Zeile »Betreff« eingeführt, heute ist es üblich, direkt mit »Ihre Anzeige vom …« zu beginnen oder »Unser Gespräch auf der career future am letzten Samstag in …«
- *Anrede*
  Sprechen Sie den Adressaten direkt, mit seinem Namen an. »Sehr geehrte Damen und Herren« ist nur in absoluten Notfällen erlaubt, zum Beispiel bei Chiffre-Anzeigen. Sollten Sie den Ansprechpartner bereits persönlich kennen, ist auch ein »Lieber …« gerechtfertigt. Als weitere Variante bietet sich »Guten Tag, Herr/Frau …« an.
- *Text*
  - *Einleitung/Einstieg:* Denken Sie sich etwas Individuelles, Spannendes oder Ungewöhnliches aus, das Ihnen Anlass zur Bewerbung gibt und Ihr Interesse am Unternehmen und an den neuen Aufgaben zum Ausdruck bringt. Mit Formulierungen wie »Hiermit bewerbe ich mich um …« schwimmen Sie garantiert im trüben Strom der Langeweiler – das ist genau das, was Personalentscheider täglich Hunderte Male lesen! Versuchen Sie stattdessen, den Leser mit einigen wenigen Worten zu fesseln und in den Text »hineinzuziehen«.
  - *Selbstdarstellung:* Stellen Sie einen persönlichen Bezug her und nennen Sie Ihr Motiv für die Bewerbung. Im Anschluss daran legen Sie dar, warum Sie mit Ihren Qualifikationen und Fähigkeiten der richtige Kandidat für die Stelle sind. Das ist eine sehr schwierige Aufgabe, vor der Sie nun

stehen. Investieren Sie deshalb Zeit und Energie – es wird sich lohnen! Auf keinen Fall sollten Sie Allgemeinplätze zitieren oder Formulierungen aus dem Lebenslauf oder der Stellenanzeige wiederholen. Vermeiden lässt sich dies, indem Sie konkret werden und die wichtigsten Anforderungspunkte in der Stellenanzeige mit Beispielen aus Ihrer Berufsbiografie belegen.

- *Nutzen für die Firma:* Machen Sie auf Ihre fachlichen wie persönlichen Qualitäten aufmerksam, und begründen Sie, warum ausgerechnet Sie für diesen Job die optimale Besetzung sind. Sagen Sie explizit, welche Vorteile Sie dem Unternehmen bringen.
- *Eventuelle Begründung eines Stellenwechsels*
- *Eintrittstermin und Absprache des weiteren Vorgehens*

▶ *Abschluss*
Ein gelungener Schlussakzent klingt nach – deshalb sollte auch der Schluss eine persönliche Note haben, knackig und sympathisch klingen. Formulieren Sie Ihr Interesse an einem persönlichen Kennenlernen mit Fantasie und Originalität! Vermeiden Sie unbedingt Weichmacher und Konjunktive wie »würde«, »hätte« oder »vielleicht«!

▶ *Grußformel*
Auch die Grußformel kann man ein wenig variieren. Es muss nicht immer »Mit freundlichen Grüßen« heißen. »Mit freundlichen Grüßen aus Berlin« beispielsweise hat einen persönlicheren und wärmeren Unterton. Kennen Sie den Angesprochenen persönlich, darf es auch ein »Mit herzlichen Grüßen aus Hamburg« sein.

▶ *Eigenhändige Unterschrift*
Das Anschreiben muss handschriftlich unterzeichnet werden. Einen schönen Akzent setzen Sie mit einem Füllfederhalter mit blauer Tinte.

- *Postskriptum*
  Hier haben Sie noch eine Chance, eine Botschaft zu hinterlassen, die Auswahl sollte allerdings gut überlegt werden. Beispielsweise können Sie hier die Nachricht deponieren: »Vom 10. bis 14. Juni befinde ich mich auf einem Seminar zur Weiterbildung und bin dort nur mobil unter der Telefonnummer [...] zu erreichen.«
- *Anlagen*
  Linke untere Ecke, die Anlagen werden nicht einzeln angeführt. Verschicken Sie auf keinen Fall Originaldokumente, sondern immer nur einwandfreie Fotokopien.

Unser Tipp:
Ihr Anschreiben darf keine Rechtschreibfehler enthalten! Vier Augen sehen bekanntlich mehr als zwei – deshalb kann es sinnvoll sein, Ihre Unterlagen von einer Person Ihres Vertrauens vor dem Versenden nochmals überprüfen zu lassen.

Worauf es ankommt: Das individuelle und adressatengerechte Anschreiben

Halten Sie sich vor Augen, dass die Personalverantwortlichen meist nur wenig Zeit haben, sich Ihrer Bewerbung zu widmen. Umso wichtiger ist es, dass Ihre Unterlagen auf den ersten Blick überzeugen. Mitunter entscheidet das Anschreiben darüber, ob die Bewerbungsunterlagen überhaupt gelesen oder sofort beiseite gelegt werden.

Ihr Bewerbungsschreiben sollte den Personalchef direkt und persönlich ansprechen und Interesse für Ihre Person erwecken. Die Aufmerksamkeit des Lesers gewinnen Sie, indem Sie folgende Punkte berücksichtigen:

- Bezug auf Firma und Position. In Ihrem Anschreiben sollten Sie auf die Firma, bei der Sie sich bewerben, und die Position eingehen. Begründen Sie in ein bis zwei Sätzen, warum Sie sich ausgerechnet für dieses Unternehmen entschieden haben und warum unbedingt Sie für die ausgeschriebene Position bestens geeignet sind.
  Versetzen Sie sich in die Lage des Gegenübers: Was interessiert das Unternehmen an einem neuen Mitarbeiter? An welcher Stelle im Unternehmen können Sie als Problemlöser tätig werden? Präsentieren Sie sich mit guten Argumenten als jemand, der zur Lösung dieses Problems beitragen wird.
- Bezug auf geforderte Qualifikationen und Fähigkeiten. Wenn in einer Anzeige bestimmte Erfahrungen und Fähigkeiten gefordert werden, sollten Sie darauf eingehen und klarmachen, warum Sie diese erfüllen. Schildern Sie bereits im Anschreiben Ihre wichtigsten Qualifikationen und Ihre Kenntnisse, die gerade für diesen Job wichtig sind.
- Denken Sie daran, ein Bewerbungsschreiben ist ein persönlicher Brief. Der Inhalt ist abhängig von Ihren Erfahrungen, Qualifikationen und Berufszielen. Es ist deshalb keinesfalls sinnvoll, Standardformulierungen aus Bewerbungsbüchern zu übernehmen. Vermeiden Sie auch eine Wiederholung dessen, was in Ihrem Lebenslauf steht!
- Vermeiden Sie passive Formulierungen, die auf eine passive Grundhaltung schließen lassen. Geben Sie zu erkennen, dass Sie aktiv Entscheidungen treffen. Anstatt »Mir wurde eine Stelle im Ausland angeboten« drücken Sie den Sachverhalt so aus: »Da ich gerne in einem internationalen Umfeld arbeite, habe ich nach Firmen gesucht, die Niederlassungen im Ausland haben.«

Unser Tipp:
Angaben zum Gehaltswunsch sollten Sie nur machen, wenn dies ausdrücklich in der Stellenanzeige verlangt wird. In diesem Fall wird das Bruttojahresgehalt genannt. Verschieben Sie das Thema Gehalt möglichst auf das Vorstellungsgespräch, mit dem Hinweis, dass Sie die Gehaltsfrage gerne in einem persönlichen Gespräch klären möchten, wenn Sie weitere Details der Tätigkeit und der Arbeitsbedingungen kennen.

Checkliste Anschreiben

- Ein erfolgreiches Anschreiben ist maßgeschneidert und adressatengerecht.
- Vermeiden Sie Standardformulierungen wie »hiermit bewerbe ich mich für …« oder »ich glaube, Ihren Anforderungen zu entsprechen«.
- Sprechen Sie den Personalverantwortlichen direkt und persönlich an.
- Belegen Sie kurz und präzise die wichtigsten Anforderungen mit den Qualifikationen und Erfahrungen aus Ihrem beruflichen Werdegang.
- Anschreiben sollten niemals länger als eine Seite sein!
- Achten Sie auf die Form: Gliedern Sie das Anschreiben in Absätze!
- Formulieren Sie kurz und klar, vermeiden Sie verschachtelte Sätze.
- Wählen Sie einen sachlichen, freundlichen und selbstbewussten Tonfall.
- Machen Sie Ihr persönliches Interesse an dem Unternehmen deutlich.

Sonderform des Bewerbungsschreibens: Der Akquisebrief

Der Akquisebrief ist ein Kontaktbrief, mit dem Sie einem möglichen Geschäftspartner gegenübertreten. In diesem Fall stehen sich nicht ein Arbeitsuchender und ein potenzieller Arbeitgeber gegenüber, sondern zwei gleichberechtigte Partner. Betrachten Sie sich als Unternehmer in eigener Sache. Mit dem Akquisebrief entwerfen Sie einen Verkaufsprospekt, mit dem Sie zukünftige Kunden von Ihrem Können überzeugen wollen.

Die Vorbereitung

Der erste Schritt

Bevor Sie an der Formulierung eines Akquisebriefes arbeiten, stellen Sie sich folgende Fragen:

- Wo können Sie Ihre Talente und Interessen einsetzen und wer bezahlt Sie dafür?
- Wo wird Ihr spezielles Know-how gebraucht, wessen Probleme können Sie lösen, welcher Firma sind Sie von Nutzen?
- Wer sind Ihre potenziellen Kunden und Auftraggeber?

● Erstellen Sie eine genaue Definition Ihres Angebotes! Das Wichtigste dabei ist, dass Ihre Kunden eine konkrete Vorstellung davon gewinnen, *WAS* Sie tun wollen und *WIE* Sie ihre Probleme lösen werden.

Der zweite Schritt

Lernen Sie Ihre potenziellen Kunden kennen! Informieren Sie sich umfassend darüber, wo ein Bedarf besteht, den Sie mit Ihrer Dienstleistung oder Tätigkeit abdecken können. Stellen Sie sich folgende Fragen:

- Was charakterisiert Ihre Zielgruppe/n? Handelt es sich um Privatpersonen, dann spielen Merkmale wie Alter, Geschlecht, politische Ausrichtung, Lebensstil, Hobbys etc. eine Rolle. Bei Unternehmen sollte Sie insbesondere die Branche, der Jahresumsatz, die Unternehmensphilosophie, das Firmenimage, die Anzahl der Mitarbeiter etc. interessieren.
- Wie kommen Sie an Informationen über Ihre Kunden? Hier empfehlen wir all jene Recherche-Strategien, die wir im Kapitel Recherche (Seite 18ff.) dargestellt haben.

● Erstellen Sie eine Liste von Auftraggebern, die für Sie in Frage kommen können.

Besonderheiten des Akquisebriefes

Grund des Schreibens

Die früher »Betreff« genannte Zeile könnte zum Beispiel lauten: »Bewerbung für einen Auftrag im Bereich ...« oder »Ihre Stellenanzeige vom ...: Freie Mitarbeit im Bereich ...« oder »Als Event-Managerin möchte ich mich Ihnen vorstellen und mich um einen Auftrag bewerben.«

Text

Auch im weiteren Text Ihres Briefes kommt es vor allem darauf an, dass der Empfänger erfährt, worum es geht. Beantworten Sie in Ihrem Schreiben die vier entscheidenden Fragen:

- Wer sind Sie? (Ihre Persönlichkeit)
- Was wollen Sie für ihn tun? (Ihr Angebot)
- Was hat er davon? (Wie können Ihre Fähigkeiten ihm nutzen?)
- Was soll er für Sie tun? (Sie anrufen und Ihnen einen Auftrag erteilen.)

Tipps für die Textgestaltung

- Erzählen Sie etwas Interessantes über sich! Freie Mitarbeiter haben häufig einen bunten, abwechslungsreichen Lebenslauf, in dem nicht unbedingte stringente Karriereplanung, sondern manchmal auch das »Schicksal« durch irgendwelche verrückte Begebenheiten eingegriffen hat. Teilen Sie Ihrem Leser vielleicht mit, wie Sie zu dem gekommen sind, was Sie heute tun. Aber nicht, indem Sie Ihren Lebenslauf nachbeten!
- Verraten Sie etwas beruflich positives Interessantes über sich. Da gibt es einen einfachen Trick: Schildern Sie von Ihren Erfolgen und positiven Fähigkeiten nicht aus der eigenen Perspektive, sondern aus der Perspektive der anderen, die von Ihrer tollen Arbeit einen Vorteil hatten.

Abschluss

Das Ziel Ihres Briefes ist, einen Auftrag im Bereich XX bei der Firma XY zu bekommen. Deshalb sollte Ihr Brief die klare Botschaft enthalten, die beispielsweise lautet: »Wenn Sie einen Auftrag zu vergeben haben, rufen Sie mich unter folgender Telefonnummer an ...« Vermeiden Sie Formulierungen wie: »... würde ich mich freuen, wenn Sie mich anrufen ...«! Als Schlusssatz bietet sich an: »... ich freue mich sehr darauf, von Ihnen zu hören ...« oder Ähnliches.

Anlagen

Was könnte Ihren Auftraggeber in spe interessieren? Denkbar sind je nach Branche und Art Ihrer Tätigkeit folgende Unterlagen:

- *Arbeitsproben*
  Für bestimmte Berufsgruppen wie Grafiker oder Texter unbedingt empfehlenswert. Damit können Sie sofort überzeugen, indem Sie verdeutlichen, wie Sie arbeiten.

Arbeitsproben sind wichtig, wenn Sie gezielt einzelne Auftraggeber ansprechen. Weniger geeignet sind sie für große Mailings an Ihre gesamte Zielgruppe, da mit großem Aufwand und Portokosten verbunden.

- *Lebenslauf*
  Während von einem Bewerber für eine feste Stelle ein ausführlicher Lebenslauf erwartet wird, reicht es bei Ihnen als freiberuflichem Mitarbeiter aus, den »roten Faden« in Ihrem Werdegang zu beschreiben.
- *Profil*
  Gerade wenn Sie als freier Mitarbeiter Dienstleistungen anbieten, kann es sinnvoll sein, einzelne Fähigkeiten, Berufserfahrungen und Zusatzausbildungen aufzuzeigen. Der richtige Platz dafür ist das »Profil«. Ein freier Mitarbeiter, zum Beispiel im Bereich Öffentlichkeitsarbeit, kann diese allgemeine Tätigkeitsbezeichnung weiter spezifizieren und Einzelkenntnisse wie die Planung und Durchführung von Promotionaktionen, den Aufbau eines Sponsorennetzes oder die Verhandlung von Medienkooperationen angeben.
- *Folder*
  Das Wort »Folder« kommt aus dem Englischen von »to fold« = falten, ist also ein gefaltetes Präsentationspapier. Mit einem Folder können Sie Ihr Angebot in prägnanter, zum Beispiel grafisch aufbereiteter Form präsentieren. Welchen Aufwand Sie dabei betreiben, hängt allein von Ihrem Budget ab: Sie können einen Grafiker oder eine Werbeagentur mit der Gestaltung beauftragen, Sie können Ihren Folder aber auch selber am Computer erstellen, zum Beispiel mit einem zweimal ineinander gefalteten Din-A4-Blatt.
- *Kundenreferenzliste*
  Beeindrucken Sie Ihren Auftraggeber mit dieser Liste und legen Sie sie Ihren Unterlagen bei.

- *Referenzen*
  Referenzen sind die Zeugnisse des freien Mitarbeiters. Darum müssen Sie sich allerdings selbst aktiv kümmern. Bitten Sie Firmen, für die Sie erfolgreich gearbeitet haben, Ihnen dies in schriftlicher Form zu bestätigen.

Checkliste Akquisebrief

- Sprechen Sie Ihre Zielperson individuell und namentlich an!
- Nutzen Sie die »Betreffzeile« um den Empfänger zu orientieren.
- Stellen Sie Ihre Persönlichkeit in den Vordergrund, geben Sie Ihrem Brief ein »Gesicht«.
- Sagen Sie dem Empfänger klar und direkt, was Sie für ihn tun wollen.
- Erzählen Sie ihm von Ihren Erfolgen aus der Sicht anderer, damit er sich vorstellen kann, wie Sie ihm nützen werden.
- Sagen Sie ihm klar und direkt, was er für Sie tun soll.

Beispiel

KATHARINA HAMANN
Hähnelstraße 5
16121 Berlin

Telefon/Fax (030) 8 52 23 81
Email: kaha@talk21.com

07/09/2001

panthertainment communication
Frau Maria Grey
Schlesische Straße 30

10997 Berlin

Bewerbung für einen Auftrag im Bereich Kultur-Consulting

Sehr geehrte Frau Grey,

mit großem Interesse habe ich in der aktuellen Ausgabe des Stadtmagazins tip den Artikel über panthertainment communication gelesen. Im Hinblick auf die geplanten Aktivitäten Ihres Unternehmens schreibe ich Ihnen, um Ihnen meine Mitarbeit als Consultant für internationale Kunst-Projekte anzubieten.

Als Kultur-Consultant konzipiere und manage ich individuelle, auf die Bedürfnisse meiner Kunden zugeschnittene Kunst-Projekte. Meine Angebotsspektrum umfasst alle Arbeitsschritte von der Konzeption bis zur eigenverantwortlichen Umsetzung:

- Planung und Management von kulturellen Veranstaltungen und Projekten
- Geschäftskonzeption, Fundraising und Konzeption einer PR-Strategie
- Innovative Produkt- und Marktentwicklungsstrategien
- Strategische Planung für die gezielte Erweiterung neuer Publikumskreise
- Entwicklung neuer Kommunikationsstrukturen im Internet

Durch langjährige praktische Erfahrungen im internationalen Festival- und Veranstaltungsmanagement verfüge ich über intensive Erfahrungen in der Projektarbeit und gründliche Kenntnisse der Kulturszenen in Europa und Nordamerika.

Wenn Sie einen Auftrag zu vergeben haben, rufen Sie mich unter folgender Telefonnummer an: (030) 8 52 23 81. Ich freue mich, von Ihnen zu hören.

Mit besten Grüßen

Katharina Hamann

Flyer

Sonderform des Bewerbungsschreibens: Die Initiativbewerbung

Anstatt sich auf eine konkrete Anzeige zu bewerben, können Sie sich auch zu einer Initiativbewerbung entschließen. Top-Unternehmen wählen häufig ihre Mitarbeiter aus einem Pool von Initiativbewerbungen aus. Damit machen Sie klar, dass Sie wissen, was Sie suchen, und dass Sie Eigeninitiative besitzen. Der Vorteil darüber hinaus: Sie sind nicht einer von hundert Bewerbern, die alle gleichzeitig ihre Bewerbungsmappen verschicken. Mit einer Initiativbewerbung treten Sie aus der Masse heraus.

Die Initiativbewerbung – der unkonventionelle Weg

Ihrer Initiativbewerbung sollte eine umfangreiche Recherche über das Unternehmen vorausgehen. Zuallererst müssen Sie herausfinden, welches Unternehmen an Ihrer Bewerbung Interesse haben könnte. Wo gibt es Positionen, auf die Ihr Berufsprofil passt? Fragen Sie Ihre Freunde und Bekannten. Am besten ist es natürlich, wenn Sie jemanden kennen, der in dem Unternehmen arbeitet, wo Sie gerne hinmöchten. Er oder sie kann Ihnen dann den Namen des/der Personalverantwortlichen nennen. Ein Telefonat vorab kann klären, wo ein Bedarf an Arbeitskräften besteht und welche Projekte in dem Unternehmen in nächster Zeit anstehen. Fordern Sie die Firmenbroschüre an und informieren Sie sich über die Produkte und Dienstleistungen. Blättern Sie in Fachzeitschriften, gehen Sie zu Recruiting-Messen, hören Sie sich Vorträge an oder surfen Sie im Netz.

Nehmen Sie Unternehmen, die für Sie interessant sein könnten, eingehend unter die Lupe. Sie sollten dabei nicht nur auf Branche und Namen achten, sondern für Ihre Auswahl weitere Kriterien heranziehen:

- Unternehmensgröße
- Produkte und Dienstleistungen
- Unternehmensalter
- Einstieg und Weiterentwicklung
- Standorte
- Unternehmenskultur
- Organisationsstruktur

Dann überlegen Sie, wofür Sie sich begeistern können und in welcher Position Sie Ihre Fähigkeiten optimal einsetzen könnten. Bei einer Initiativbewerbung hängt alles Weitere davon ab, dass Sie auf sich aufmerksam machen und ein Bedürfnis wecken, das Sie mit Ihren speziellen Fähigkeiten genau abdecken. Genau genommen müssen Sie jemanden von sich überzeugen, der eigentlich gar nicht wusste, dass er Sie haben will. Was für eine normale Bewerbung gilt, gilt hier in verstärktem Maße. »Blindbewerbungen« und Bewerbungen nach der 08/15-Methode ziehen nicht. Überzeugen Sie mit wenigen Worten und machen Sie Ihrem Gegenüber klar:

- Warum gerade Sie?
- Warum gerade diese Stelle?
- Warum gerade dieses Unternehmen?
- Was sind Ihre Schlüsselqualifikationen?

Ein guter Einstieg für eine Initiativbewerbung ist die Bezugnahme auf einen bereits erfolgten Kontakt, sei es per Telefon oder E-Mail. Sie können dann auf einem positiven Wiedererkennungs-Effekt aufbauen.

Das Anschreiben im Rahmen einer Initiativbewerbung

Bei einer Initiativbewerbung kommt Ihr Brief unerwartet. Umso wichtiger ist es, dass bereits der erste Satz den Leser fesselt. Es bieten sich verschiedene Möglichkeiten an, um die Aufmerksamkeit des Personalchefs zu gewinnen:

Einleitung

- Sie schreiben auf Empfehlung einer bekannten Person.
- Sie besitzen Informationen über neue Aktivitäten oder Projekte des Arbeitgebers, die Sie besonders ansprechen.
  Beispielsweise haben Sie im Vortrag von Herrn XY zum Thema »Globalisierung und Mittelstand« den Namen der Firma als Vorreiter auf dem Gebiet innovativer Vertriebsstrukturen gehört. Aufgrund Ihrer fundierten Kenntnisse in diesem Bereich sind Sie in der Lage, den Vertrieb aufzubauen.
  Oder: Sie haben im Wirtschaftsteil der FAZ gelesen, dass eine neue Produktionsstätte für Messmodule in Ihrer Heimatstadt aufgebaut wird. Ihre Erfahrungen in diesem Bereich sowie Ihr Interesse, diese Niederlassung als Profitcenter mitzugestalten, machen Sie zu einem hervorragenden Kandidaten für die Position des Niederlassungsleiters.
- Ihr beruflicher Erfolg ist für das Unternehmen besonders interessant.
- Sie können aufzeigen, welchen direkten Nutzen der zukünftige Arbeitgeber von einer Anstellung hat.

Hauptteil

Dann folgen die Basisinformationen, wobei Sie Ihre derzeitige oder letzte Tätigkeit in den Vordergrund stellen. Nennen Sie im Anschluss daran mögliche Aufgabenbereiche bei dem neuen Arbeitgeber. Gewünscht werden Bewerber, die bestens über das

Unternehmen informiert sind und so genau wie möglich sagen können, was sie sich vorstellen. Überlegen Sie genau, welche Qualifikationen vom zukünftigen Mitarbeiter gefordert werden, und belegen Sie kurz mit Beispielen, dass Sie diese Qualitäten mitbringen. Wichtig dabei ist, dass Sie auf professioneller und persönlicher Ebene überzeugen.

Überlegen Sie sich ein oder zwei Argumente, mit denen Sie darlegen, wie der Arbeitgeber von Ihrer Anstellung profitieren kann.

Schluss

Hier bekunden Sie wiederum Ihr Interesse, mit dem Leser beziehungsweise dem Unternehmen in Kontakt zu treten.

Initiativbewerbung im Internet

Vor allem bei Initiativbewerbungen hat das Internet praktische Vorteile gegenüber anderen Bewerbungsarten. Vorausgesetzt, man verwechselt Initiativbewerbungen nicht mit »Blindbewerbungen«. Der Unterschied besteht in der Zielgerichtetheit.

Das Wichtigste einer Initiativbewerbung im Internet ist deshalb, dass Sie den richtigen Ansprechpartner und die richtige Internet-Adresse für Ihre Bewerbung herausfinden. Dann können Sie Ihre Unterlagen direkt ins Zentrum der Entscheidung schicken.

Bei den Jobbörsen und Stellenmärkten im Internet finden Sie oft auch Firmenprofile. Die Homepage des Unternehmens bietet weitere Informationen.

Sonderform des Bewerbungsschreibens: Stellenbewerbung im Internet

Mitarbeiter-Recruiting über das Internet erfreut sich zunehmender Beliebtheit bei den Unternehmen. Nicht nur Global Player, auch mittelständische Unternehmen präsentieren sich mittlerweile im Internet und stellen sich dort als Arbeitgeber dar. Eine halbe Million Jobs werden schätzungsweise im deutschsprachigen Internet angeboten und es kommen jeden Tag neue hinzu. Auf der jeweiligen Firmen-Website sind die aktuellen Stellenangebote und wichtige Informationen zum Unternehmen zu finden.

Eine Untersuchung des Lehrstuhls für Personalmanagement in Stuttgart hat ergeben, dass mittlerweile 80 Prozent der deutschen Unternehmen über das Internet Kontakt zu Bewerbern suchen. Von den 237 befragten Unternehmen sind die Branchen Automobilindustrie, Chemie und Pharma die Spitzenreiter. Wie der Hochschulanzeiger der FAZ vom Oktober 2001 feststellt, gehen in Deutschland bislang leider nur ein Drittel der Bewerbungen online ein. Vor allem größere Unternehmen wie Siemens, Lufthansa, Volkswagen oder Bertelsmann akzeptieren Stellenbewerbungen im Internet. Die Tendenz ist jedoch steigend. In den USA werden bereits 90 Prozent der Jobs über das Internet vergeben. Von Seiten der Unternehmen sprechen für diese Form der Mitarbeiter-Suche vor allem Schnelligkeit, Effizienz und natürlich Kostengründe. Eine Bewerbung per E-Mail ist deshalb manchmal ausdrücklich erwünscht.

Neben Stellenausschreibung auf der eigenen Website bedienen sich viele Unternehmen – manchmal gleichzeitig – der Internet-Jobbörsen und Online-Stellenmärkte. Insbesondere Firmen im IT- und Medienbereich wissen diese Form der Stellenbesetzung zu nutzen. Zum E-Recruiting gehört auch, dass die Personalabteilungen der Unternehmen systematisch Stellengesuche bei Jobbörsen und Stellenmärkten im Internet durchsuchen. Etliche Jobbörsen bieten Bewerbern die Möglichkeit, dort selbst ein Online-Stellengesuch zu deponieren. Kandidaten können hier den Spieß umdrehen und Ihren Lebenslauf und eine persönliche Botschaft hinterlegen, wo sie vermutlich von vielen interessanten Firmen gelesen wird. Die meisten Jobbörsen veröffentlichen Stellengesuche kostenlos und sichern den Bewerbern Anonymität zu.

Die Vorteile für die Bewerber liegen auf der Hand. Im Internet hat der Stellensuchende schnellen Zugriff auf aktuelle Stellenausschreibungen. Er kann problemlos und grenzenlos vergleichen und das optimale Angebot finden. Rechercheinstrumente unterstützen ihn bei seiner Suche. Die Jobangebote verteilen sich auf unzählige Online-Stellenmärkte, wobei man deutschsprachige und internationale Jobbörsen unterscheiden kann, Jobsuchmaschinen, die das Internet nach aktuellen Stellenangeboten durchsuchen und diverse Berufs-Informationsdienste.

Zusätzlich zu den Stellenbörsen (siehe das Kapitel Recherche, Seite 18ff.) gibt es im Internet weitere Informationsdienste wie:

- *Suchmaschinen allgemein*
  http://www.google.de
  http://www.yahoo.com (oder .de)
  http://www.altavista.com (oder .de)
  http://www.fireball.de
- *Jobsuchmaschinen*
  http://www.jobrobot.de
  Metasuchmaschine, die über 200 Job-Sites durchsucht, Infos über Firmen, Profildatenbank
  http://www.wwj.de
  (»worldwidejobs«), in erster Linie europäische Karriereleiter, Karriere-Service, Karriereberatung online

http://www.jobworld.de
europäische Metasuchmaschine, Karriereguide, Bewerbungs-ABC, Online-Tests
http://www.jobs.zeit.de
durchsucht täglich circa 850 Angebote von Stellenmärkten

- *Internationale Stellenmärkte*
http://www.careerbuilder.com
http://www.careercity.com
http://www.careermosaic.com
http://www.hotjobs.com
http://www.jobuniverse.com
http://www.monster.com
- *Stellenmärkte mit dem Schwerpunkt Informationstechnologie*
http://www.computerjobs.de
http://www.dv-job.de
http://www.dv-treff.de
http://www.adp.de
http://www.computerwoche.de/jobsundkarriere
http://www.youngprofessional.de
http://www.projects.de
IT-Projektbörse für Freiberufler
http://www.jobuniverse.com
- *Firmenseiten*
Wenn Sie im Internet zu einem bestimmten Unternehmen recherchieren wollen, brauchen Sie die Internetadresse. In der Regel ist die Homepage des Unternehmens recht einfach aufzuspüren. Geben Sie den Firmennamen mit der entsprechenden Länderendung (in Deutschland .de, für internationale Firmen .com, für Organisationen .org) ein. Sollten Sie auf diese Weise nicht erfolgreich sein, können Sie das Unternehmen entweder über allgemeine Suchmaschinen oder spezielle Branchen- und Firmenverzeichnisse ausfindig machen. Auch

viele der oben genannten Online-Stellenmärkte bieten Informationen zu einzelnen Firmen an.

- *Firmensuchmaschinen*
  http://www.gelbe-seiten-berlin.de
  http://www.firmenname.de
  http://www.firmendatenbank.de
  http://www.genios.de

Es gibt mehrere Möglichkeiten, sich über das Internet bei Firmen zu bewerben: eine Online-Bewerbung, eine E-Mail-Bewerbung, ein Stellengesuch bei den Jobbörsen oder eine eigene Bewerbungs-Homepage. Eine E-Mail-Bewerbung wird individuell formuliert und, sofern dies angefordert wird, mit mehreren Attachments (Lebenslauf, eingescannte Zeugnisse etc.) verschickt. Bei einer Online-Bewerbung hingegen sind Sie lediglich aufgefordert, ein Formular auszufüllen. Die Jobbörsen im Internet sammeln Profile von Job-Suchern und geben sie an interessierte Unternehmen weiter. Wenn Sie Ihre Programmier- und Gestaltungskünste unter Beweis stellen möchten, ist eine Bewerbungs-Homepage angebracht.

Online-Bewerbungen

Bei einer Online-Bewerbung werden mit Hilfe von Formularen auf der Firmen-Homepage, aber auch bei Personalberatungen und Jobbörsen, relevante Daten und Fakten abgefragt. Ihr Gestaltungsspielraum beschränkt sich in diesem Fall auf das Anklicken von Items und das Ausfüllen von Tabellen. Online-Bewerbungen unterstützen die Unternehmen dabei, eine effektive Vorauswahl unter den Bewerbern zu treffen, weil sie interne Abläufe vereinfachen. Deshalb werden Online-Formulare bei Unternehmen immer beliebter. Formulare lassen sich schnell ausfüllen. Doch wer einen Lebenslauf mit Umwegen und Lücken hat, hat schlechte Karten. Zumeist wird sein Profil umgehend aussortiert. Hier ist eine E-Mail-Bewerbung oder eine Bewerbung auf dem Postweg besser geeignet, die individuellen Vorzüge zu präsentieren.

E-Mail-Bewerbungen

Auch bei Kurzbewerbungen per E-Mail treffen die Personalverantwortlichen eine Vorauswahl an interessanten Bewerbern. Ob eine Kurzbewerbung oder die Versendung der kompletten Bewerbungsunterlagen erwünscht ist, erfahren Sie aus der Stellenausschreibung. Hier eröffnet sich zumindest die Möglichkeit, nicht idealtypisch-geradlinige Lebensläufe mit geschickten Formulierungen gerade zu rücken.

Versenden Sie keine E-Mails an eine Adresse ohne genauen Adressaten. Eine E-Mail an info@unternehmen.de versandet in der Regel im (N)Irgendwo. Auch bei Zusendung an einen konkreten Adressaten wird immer wieder die Erfahrung gemacht, dass auf E-Mail-Bewerbungen keine Resonanz erfolgt. Man kann dann davon ausgehen, dass diese zu den 90 Prozent zu zählen sind, die im ersten Auswahlverfahren gleich gelöscht wurden. Die anderen zehn Prozent werden beantwortet, die Kandidaten zum Vorstellungsgespräch eingeladen und unter Umständen aufgefordert, die restlichen Unterlagen mitzubringen.

Abzuraten ist auch von irgendwelchen ominösen Dateiformaten. Verwenden Sie ausschließlich gängige Microsoft-Office-Formate. Manche Formate können einfach nicht geöffnet werden, betonen die Personalverantwortlichen, sie werden gelöscht, wenn der Drucker darauf nicht anspringt.

Deshalb: Vorsicht bei E-Mail-Bewerbungen! Das Internet ist auch und vor allem ein schnelles Medium, das dazu verleitet, typische Fehler zu begehen. E-Mail-Bewerbungen werden häufig nicht mit der nötigen Sorgfalt und Aufmerksamkeit verfasst.

Nachlässigkeiten treten nicht nur bei der Rechtschreibung (Tippfehler!) auf, sondern auch bei der Formulierung des Inhalts. Die Folge sind wenig aussagekräftige Anschreiben und Lebensläufe. Auch Bewerbungen per E-Mail müssen gut durchdacht und strukturiert werden.

Ratschläge für E-Mail-Bewerbungen

- Verschicken Sie E-Mail-Bewerbungen nur an eine persönliche Kontaktadresse.
- Bezeichnen Sie in der Betreff-Zeile die genaue Position, für die Sie sich bewerben. Hier liegt Ihre große Chance für eine individuelle Note, für Selbstdarstellung und Originalität.
- Nehmen Sie Bezug auf das Aufgabengebiet und formulieren Sie Aussagen, die von hohem Informationsgehalt für den Leser sind.
- Benennen Sie Ihre wesentlichen Qualifikationen und Erfahrungen, die mit der angestrebten Stelle in Zusammenhang stehen.
- Ihr Lebenslauf, der auf die jeweilige Stelle zugeschnitten sein soll, kann gleich im Anschluss an das Anschreiben folgen.
- Im Lebenslauf heben Sie die wichtigen Fakten hervor und ordnen Sie nach der Bedeutung. Empfehlenswert ist die internationale Version, in der die aktuellen Erfahrungen zuerst aufgezählt werden. (Vergleiche Kapitel Lebenslauf, Seite 145ff.)

Für Bewerbungen per E-Mail gilt Ähnliches wie für Bewerbungen per Post. Zu einer vollständigen Bewerbung gehören: Anschreiben, Lebenslauf, Foto, Zeugnisse und gegebenenfalls weitere Unterlagen wie Referenzen, Liste der Veröffentlichungen, Arbeitsproben etc.

Im Prinzip ist ein Online-Bewerbungsanschreiben nichts anderes als ein Anschreiben, das auf dem Postweg verschickt wird.

Bestenfalls sollte es Ihr Anliegen noch knapper und prägnanter präsentieren, verfasst nach allen Regeln der Kunst. Optimale Länge ist eine halbe Seite – bedenken Sie, dass lange Dokumente auf dem Bildschirm mühsamer zu lesen sind. Auch die Zeugnisse, die Sie – eingescannt – per Mail versenden, sollten sehr gut ausgewählt sein. Weniger ist in diesem Fall mehr!

In der Regel teilen die Unternehmen in einer Ausschreibung genau mit, welche Unterlagen verschickt werden sollen. Ein Problem mit E-Mail-Bewerbungen ist, dass eingescannte Zeugnisse und Fotos oft an Qualität zu wünschen übrig lassen. Senden Sie Freunden das ganze Bewerbungspaket zur Probe. Wenn alles lesbar ist und ohne Konvertierungsschwierigkeiten ankommt und zu öffnen ist, können Sie es an den richtigen Empfänger schicken.

Manchmal ist per E-Mail auch nur eine Kurzbewerbung mit Anschreiben und Lebenslauf gefragt. Wenn Ihre Bewerbung für das Unternehmen interessant ist, werden Sie aufgefordert, die Zeugniskopien und das Foto per Post nachzuschicken.

Stellengesuch bei den Jobbörsen

Wie wäre es, wenn sich Unternehmen mal bei Ihnen bewerben? So wirbt eine Online-Jobbörse, nämlich stepstone.de. Auch bei jobpilot.de, stellenanzeigen.de, arbeitsamt.de und weiteren Stellenmärkten im Netz können Jobsuchende Ihr Profil deponieren. Diese Form des Recruiting ist effektiv, weil alle Informationen über den Kandidaten schon in Dateiform vorliegen, rund um den Globus aktiviert werden können und von den Unternehmen nur noch über Suchprofile abgefragt werden müssen. Darüber hinaus vermuten Firmen, dass die begehrten Young Professionals sich über diese Form aufstöbern lassen. Diese zeigen damit, dass sie technikversiert sind und moderne Self-Marketing-Strategien entwickeln können. Die Bewerber initiieren mit ihrem Eintrag in eine Datenbank eine Nachfrage – Unternehmen können sich bei ihnen bewerben. Die Jobsuchenden selbst bleiben dabei zuerst anonym und können eine Vorauswahl an Jobangeboten treffen.

Eine gute Jobbörse erkennen Sie daran, dass Sie transparent macht, wie viele Stellenanzeigen zur Verfügung stehen, wie alt diese sind und welche Unternehmen inseriert haben. Die Zukunftsvision in diesem Bereich sieht so aus: Der Lebenslauf eines nahezu jeden Angestellten wird in einer Online-Datenbank stehen und »Human Resources Net Agents« (automatische Headhunter) durchstöbern das Netz, auf der Suche nach den Nuggets. Man darf dann auch erwarten, dass diese komplexe Verknüpfungen zwischen Anforderungsprofil und Bewerberprofil zustande bringen und damit zufriedenstellendere Ergebnisse liefern.

Die eigene Bewerbungs-Homepage

Auf einer eigenen Homepage im Internet haben Sie Gelegenheit, sich für zukünftige Arbeitgeber attraktiv und interessant zu präsentieren (wir verweisen nochmals auf die AIDA-Formel!). Im Prinzip ist mit den neueren HTML-Editoren eine Homepage einfach und schnell zu erstellen. Tipps zur Homepage-Erstellung und einen leicht verständlichen Einführungskurs in HTML (von Stefan Münz) finden Sie im Internet unter www.selfhtml.com. Eingescannte Fotos und Zeugnisse können Sie problemlos in Ihre Homepage integrieren. Beliebt sind pdf-Files für eingescannte Dokumente, die mit dem Acrobat-Reader der Firma Adobe gelesen werden können. (Hilfsprogramme zum Erstellen von pdf-Files gibt es unter www.freeware.com. Der Acrobat-Reader kann unter www.adobe.com kostenlos aus dem Netz herunter geladen werden.) Doch Vorsicht! Sie müssen immer damit rechnen, dass alle Internet-Nutzer sich Zugang zu Ihrer Bewerbungs-Homepage verschaffen können. Mittels Suchmaschinen sind Sie auffindbar, auch für Ihren gegenwärtigen Arbeitgeber und Ihre Konkurrenten in der Firma.

Auch bei der Gestaltung einer Bewerbungs-Homepage ist immer zu bedenken, dass die Personalchefs nur begrenzte Zeit für die Beurteilung einer Bewerbung zur Verfügung haben. Ein klarer Aufbau der Website und eine übersichtliche Benutzerführung sprechen für Sie. Wichtig bei einer eigenen Homepage ist, dass man in einem vernünftigen Zeitrahmen alle wichtigen Informationen erhält. Andernfalls verlieren die Personalexperten vielleicht das Interesse. Sie sollten auch immer im Auge haben, dass es um eine Stellenbesetzung geht, also die Ausbreitung des Privatlebens (zum Beispiel Fotoalbum) und diverser Hobbys der Sache nicht unbedingt förderlich ist. Vermeiden Sie auch bunte und schrille Seiten – vor allem die Informationen sind wichtig!

Insgesamt wird der Bewerbung per eigener Homepage in Deutschland noch ein relativ geringer Stellenwert beigemessen. Da die Gestaltung einer Website ein spezielles Know-how voraussetzt, das vom Screendesign über die webgerechte Texterstellung bis zur Programmierung reicht, möchten wir hier ausdrücklich vor einer unprofessionellen Selbstdarstellung warnen.

Die eigene Bewerbungs-Homepage ist dann zu empfehlen, wenn sich jemand auf eine längere Job-Suche einstellen muss, wie beispielsweise Absolventen, und eine Affinität zum Internet zum Ausdruck bringen will. Sie benötigen dafür nicht unbedingt eine eigene Internet-Adresse (im Fachjargon: eine eigene Domain), auch Provider wie T-Online, gmx.de oder AOL stellen den Mitgliedern kostenlos Webspace bis zu 10 MB zur Verfügung.

Sonderform der Stellensuche: Stellenanzeige aufgeben

Warum nicht eine Stellenanzeige aufgeben? Eigeninitiative von Stellensuchenden ist immer gefragt. Manchmal kommt durch Unternehmungsgeist erst der gewünschte Erfolg. Mit einem Stellengesuch zeigen Sie, dass Sie aktiv sind, dass Sie wissen, was Sie wollen und was Sie anzubieten haben.

Stellengesuche können Sie in Printmedien oder – kostenlos – im Internet platzieren. Wichtig dabei ist, dass Sie die richtige Umgebung für Ihr Stellengesuch ausfindig machen. Es gibt im Internet sowohl allgemeine Stellenmärkte als auch Jobbörsen für spezielle Berufsgruppen. Um die für Sie richtige Adresse zu finden, besuchen Sie ganz einfach die Stellenmärkte: Inserieren hier Firmen, die für mich interessant sind? Passt mein Berufsprofil zu den Stellenangeboten? Ein weiteres Kriterium ist die Aktualität. Sehen Sie sich um: Gibt es hier viele Karteileichen oder werden die Angebote täglich oder zumindest wöchentlich erneuert?

Wenn Sie eine Jobbörse gefunden haben, in der Sie ein Stellengesuch aufgeben wollen, sind zwei weitere Punkte zu berücksichtigen: Wird Ihr Stellengesuch anonym veröffentlicht? Können Sie Ihr Gesuch wieder ändern, wenn der Erfolg ausbleibt? Beides trifft in der Regel auf die größeren Betreiber von Stellenbörsen zu.

Zumeist findet man bei den Jobbörsen Mischformen zur Anzeigen-Gestaltung. Klassische Stellengesuche in Textform werden ergänzt mit Formularen, welche die Daten Punkt für Punkt im Ausfüllverfahren erfassen. Gute Jobbörsen arbeiten mit ausgefeilten Formularen, in denen die Qualifikationen, Berufsstationen, Sprachkenntnisse, Auslandserfahrungen und Ziele der Bewerber abgefragt werden. So wird es möglich, Stellengesuche nach Checklisten zu sortieren, was bei Unternehmen sehr beliebt ist, die in der Auswahl der Kandidaten nach einem strengen Kriterienkatalog vorgehen. Die Daten werden – unter Zusicherung der Anonymität – in einer Bewerberdatenbank gespeichert und mit den Anforderungsprofilen von offenen Stellen abgeglichen. Passende Vorschläge bekommen Sie per E-Mail oder Sie werden auf Ihrer persönlichen Startseite bei der Stellenbörse davon in Kenntnis gesetzt. Die Initiative bleibt in beiden Fällen Ihnen überlassen. Sie können darüber entscheiden, ob Sie mit den Unternehmen in Kontakt treten wollen oder nicht.

Stellengesuche in den Printmedien sind teuer! Zur Vorbereitung gehört, dass Sie überlegen, welches das passende Medium sein könnte. Werfen Sie einen Blick in die in Frage kommenden Tages-, Wochen- oder Fachzeitschriften, und analysieren Sie, wer dort als Arbeitgeber und als Stellensuchender inseriert.

Genauso wichtig ist, dass Sie für die Textgestaltung eines Stellengesuches den Grundsatz befolgen: Ihre Selbstdarstellung muss mit wenigen Worten überzeugen. Diese Kunst beherrschen allerdings die wenigsten. Nicht umsonst gibt es Agenten, Karriereberater, Promoter und Marketingfirmen. In einem Stellengesuch sollten Sie Ihre positiven Erfahrungen hervorheben. Je kürzer und je klarer Sie Ihre Vorzüge auf begrenztem Raum zum Ausdruck bringen, desto eher wird Ihr Gesuch Anklang finden. Selektion ist wiederum das oberste Prinzip:

- Konzentrieren Sie sich auf die wesentlichen Kompetenzen.
- Benennen Sie diejenigen Fähigkeiten und Qualifikationen, die unmittelbar mit Ihrer angestrebten Tätigkeit zu tun haben.
- Denken Sie zielorientiert: Was würde Ihren Chef an einem Bewerber interessieren?

Das Wichtigste in Kürze

- *Formulieren Sie eine aussagekräftige Headline!*
  Was zeichnet Sie aus und was könnte die Firma interessieren, die Sie ansprechen möchten? Lernen Sie aus der Produktwerbung – suchen Sie nach einem besonderen und informativen Merkmal.
- *Gestalten Sie den Anzeigentext prägnant und zielgerichtet!*
  Auch wenn ein Stellengesuch bei Jobbörsen kostenlos ist – mit einem seitenlangen Anzeigentext werden Sie kaum Gehör finden. Entwerfen Sie den Text in aller Ruhe offline und lassen Sie ihn, wenn Sie unsicher sind, von Freunden gegenlesen. Entscheidend ist, was Sie anstreben und welche Voraussetzungen Sie dafür mitbringen.

Im Mittelpunkt einer Stellenanzeige steht Ihr Berufsprofil. Worin sind Sie wirklich gut? Und was davon ist wichtig für Ihren Job? Dazu kommen noch Sprach- und EDV-Kenntnisse: Was ist Standard, was zeichnet Sie aus? Überlegen Sie, welche besonderen Kompetenzen Sie für ein Unternehmen interessant machen. Immer mehr Unternehmen legen Wert auf Soft Skills und Persönlichkeit. Gern gesehen sind soziale Kompetenzen, Kommunikationsfähigkeit, Teamfähigkeit und Flexibilität. Vermeiden Sie jedoch eine platte Wiederholung solcher Begriffe, sondern füllen Sie diese mit Inhalt.

Beispiele für Stellengesuche

Beispiel 1

Produktmanager im technologischen Umfeld

Dipl.-Wirtsch.-Ing., 35 Jahre, kommunikationsstark und innovativ

- mehrjährige internationale Erfahrung im Produkt-Management. (IT-Branche)
- pragmatischer Stratege mit team- und ergebnisorientiertem Arbeitsstil
- Aufbau und Leitung von globalen Projekt-Teams
- Erschließung und Aufbau neuer Geschäftsfelder (Optische Leiter, UMTS)

sucht in der IT-Branche leitende Tätigkeit (BDM, Senior PM, strategisches Marketing) in dynamischem internationalen Unternehmen
Zuschriften erbeten unter [...] SZ

Was ist an dieser Stellenanzeige gut?

Gleich in der Headline formuliert der Kandidat, was ihn auszeichnet. Im Text kommt er sofort auf das Wesentliche zu sprechen: Er spezifiziert den angestrebten Tätigkeitsbereich und benennt Kenntnisse, die ihn dafür qualifizieren. Wichtige Schlüsselqualifikationen runden das Bild ab. (Das Stellengesuch wurde von Hans-Peter Hohenfels formuliert, Näheres siehe Seite 82.)

Beispiel 2

GESTALTUNG VON LEBENSRÄUMEN

Architektin, Dipl.-Ing. (TU)

Langjährige Fach- und Führungserfahrung, **Büro- und Projektleitung** in renommierten Büros. Schwerpunkt Entwurfs- und Ausführungsplanung, Projektmanagement auch auf internationaler Ebene, eigene Wettbewerbserfolge, 46 J., **sucht leitende Tätigkeit in einem Konzern oder Partnerschaft mit engagiertem Büro.**

Was ist bei dieser Stellenanzeige bemerkenswert?
Die Kandidatin überrascht mit einer prägnanten Überschrift. Dann folgen kurze Aussagen dazu, was sie an konkreten Erfahrungen anzubieten hat. Die Bewerberin stellt sich als sehr erfolgreiche Architektin dar. Die gewünschte Position, eine leitende Tätigkeit, wird spezifiziert. (Das ist das Stellengesuch von Marie-Luise Hilscher, weitere Angaben siehe Seite 85.)

Die Kandidaten

Im Folgenden werden die Kandidaten in einer Art Miniportrait vorgestellt. Die Angabe des Alters, des beruflichen Erfahrungshintergrundes und des Berufszieles ergänzen wir durch die »Essentials« jeder Bewerbung: Was haben die Kandidaten zu bieten? Der Einfachheit halber werden die Begriffe abgekürzt:

f = fachliche Qualifikation
p = persönliche Kompetenzen
M = Motivation

Auf Besonderheiten wird mit dem Zeichen ● aufmerksam gemacht: Job-Hopping, Kurzbewerbung, Initiativbewerbung, Auslandsbewerbung, englischsprachige Bewerbung, Online-Bewerbung, Akquisebrief, Kontaktbrief etc.

Wolfgang Reschke

Alter: 52
Profil: Hochbautechniker mit umfangreichen Berufserfahrungen, auch im Ausland.
Tätigkeiten: Bauleiter, Projektleiter, Objektleiter.
Bereiche: Bauwirtschaft

Er nimmt zur Zeit an einer Weiterbildung in Projektmanagement teil.

M sucht eine neue, verantwortungsvolle Tätigkeit in Süd-China

● klassische, konservative Bewerbung für ein internationales Unternehmen, Anschreiben in Deutsch, Lebenslauf in Englisch

Dipl.-Ing. Christoph Meryn

Alter: 44

Profil: Er bewirbt sich aus ungekündigter Position als Geschäftsführer.

Ein »Macher« mit »Biss«, hat Berufserfahrungen als Geschäftsführer und Vertriebsingenieur im Bereich Elektrotechnik.

p Initiator, dynamisch, zukunftsorientiert, flexibel

f Erfahrung in Märkten mit starkem Wettbewerb

M Aufstieg, mehr Verantwortung

● Bewerbung im gehobenen Management

Alexander Heide

Alter: 42

Profil: Diplom-Pädagoge, Erfahrung in psychosozialen Einrichtungen mit den Schwerpunkten Weiterbildung, Organisationsentwicklung, Beratung.

Er bewirbt sich bei der Reformhaus-Akademie.

M will in eine renommierte Einrichtung überwechseln, weg vom psychosozialen Bereich

● Initiativbewerbung

Claudia Kernbach

Alter: 36

Profil: Diplom-Sozialpädagogin (FH), absolviert zur Zeit ein Aufbaustudium im Weiterbildungsmanagement, hat freiberuflich

als Trainerin gearbeitet. Zusatzausbildungen in Psychodrama und Gestalttherapie sowie Heilpraktikerin.
Sie bewirbt sich als Bildungsreferentin.

M durch die Fortbildung entdeckt sie ihr Interesse an Bildungsfragen

● Patchwork-Biografie

Stefan Meywald

Alter: 33 Jahre

Profil: Dipl.-Wirt.Ing. (FH), begann seine Karriere als Kfz-Mechaniker, ging dann in den Vertrieb, seit drei Jahren Mitarbeiter der Verkaufsförderung.
Er bewirbt sich bei Sennheiser (mittelständisches Unternehmen mit internationaler Tätigkeit).

p Kontaktstärke, Frustrationstoleranz, Einsatz, Durchsetzungsvermögen

M Aufstieg, ideale Voraussetzungen bei einem international tätigen mittelständischen Unternehmen

● klassische Bewerbung, Vertriebsspezialist

Marika Nitsche

Alter: 51

Profil: In Ungarn geboren, Studium der Mathematik, ging 1990 nach Deutschland, war lange als Software-Entwicklerin in unterschiedlichen Unternehmen tätig.
Sie will als Software-Entwicklerin in den Bereich Optische Netze und bewirbt sich bei HP.

p ideenreich, erfindungsreich, hohe Flexibilität

M das Unternehmen verlegt den Standort in die USA, Frau Nitsche will in Deutschland bleiben und weiterhin als Software-Entwicklerin arbeiten

● hoch qualifizierte ältere Bewerberin

Jürgen Seifert

Alter: 41 Jahre

Profil: BWL-Studium, im Bereich Datenorganisation bei verschiedenen Unternehmen und Einrichtungen gearbeitet, aktuell macht er eine Weiterbildung in SAP Materialwirtschaft.

Er bewirbt sich bei DATEV in der IT-Organisation.

M arbeitslos, will Neueinstieg

● Initiativbewerbung, Onlinebewerbung

Hans-Peter Hohenfels

Alter: 35 Jahre

Profil: Als Produktmanager in der IT-Branche tätig, Erfahrung als Consultant, Auslandspraktikum.

Position in drei Bereichen gesucht: Projektmanagement, Produktmanagement, Key-Account-Manager

p Selbstständigkeit, Verantwortungsbewusstsein, Teamfähigkeit

M Aufstieg, mehr Verantwortung

● Stellengesuch, erstellt Bewerbungsunterlagen in Englisch und Deutsch, Bewerbung im Management

Walter Oetinger

Alter: 34

Profil: Versicherungskaufmann, dann FH Betriebswirtschaft, Dozent, jetzt SAP-Weiterbildung.

Er sucht einen Job als Projektentwickler in der Immobilien- oder Bauträger-Branche.

M Jobsuche aus Arbeitslosigkeit/Weiterbildung

● SAP-Weiterbildung, Direkteinstieg (Wie verkauft man ein Praktikum?)

Frank Krüger
Alter: 38
Profil: Diplom-Psychologe, psychologischer Berater und Therapeut, Abteilungsleiter in einer Klinik.
Er bewirbt sich als Personalentwickler bei der Hypo-Vereinsbank.

M Wechsel der Branche
● konservative, klassische Bewerbung

Anna Weismann
Alter: 34
Profil: Sekretärin im psychosozialen Bereich.
Sie sucht eine neue Stelle als Sekretärin.

M neue Aufgaben, Stellenwechsel
● bewirbt sich auf zwei unterschiedliche Anzeigen

Edith Matthies
Alter: 37
Profil: Ausbildung als Altphilologin, Historikerin, Dokumentarin, war als Sachbearbeiterin beim Deutschen Bundestag und im DAAD tätig.
Sie bewirbt sich als Berufsberaterin beim Arbeitsamt (Landesarbeitsamt Bonn für Abiturienten und Hochschüler).

p Engagement/Ehrenamt, Flexibilität, Selbstständigkeit, kann gut mit Menschen umgehen
f Parteierfahrung, Amtserfahrung
M will sich in ein neues Gebiet einarbeiten, das zu ihrer Ausbildung passt
● konservative, klassische Bewerbung für eine öffentliche Einrichtung

Sandra Hauser

Alter: 43

Profil: Diplom-Kauffrau, war als Controllerin tätig, will im Controllingbereich bleiben.

P selbständig, zielstrebig, flexibel, kann offen auf Menschen zugehen, Beharrlichkeit, kann komplexe Aufgaben lösen

M internationale Projekte, Erweiterung ihres Aufgabengebietes

● konservative klassische Bewerbung, gradliniger Lebenslauf

Johannes Fürstenberg

Alter: 52

Profil: Reiseleiter, Dozent bei Reiseveranstaltern und bei diversen Umwelt-Organisationen.

Er bewirbt sich initiativ in der Tourismus-Branche auf internationaler Ebene.

M will anspruchsvolle und abwechslungsreiche Tätigkeit in Südafrika, Ortsveränderung, neue Erfahrungen und Herausforderungen

● englischsprachige Initiativbewerbung, Südafrika (ohne Foto)

Martina Seipold

Alter: 48

Profil: Assistentin der Geschäftsführung, Mitarbeiterin im Bereich Beteiligungscontrolling, 30 Jahre Berufserfahrung, ihr Berufsweg weist konsequent nach oben.

M will neue reizvolle Aufgabe

● bewirbt sich auf eine Anzeige, hochkarätige Bewerberin, klassisch, gediegen

Marie-Luise Hilscher

Alter: 46

Profil: Architektin mit internationaler Projekterfahrung, Projektleitung, Mitarbeit in erstklassigen Architekturbüros.

f topqualifizierte Architektin

M die aktuelle Anstellung in Dresden entspricht nicht den Wünschen und Vorstellungen von Frau Hilscher

● Stellengesuch, individuelle Gestaltung der Unterlagen, Erstellung einer Dritten Seite

Maria Tschadow

Alter: 31

Profil: Studium der Philosophie, Publizistik und Spanisch, derzeit tätig im interkulturellen Training, Projektarbeit.

p Initiative, offen Neuem gegenüber, Neugierde, begeisterungsfähig, Leistungsbereitschaft

f Projekterfahrung, Sprachkenntnis, interkulturelle Kompetenzen

M interessante Aufgaben, Herausforderung

● Initiativbewerbung als Unternehmensberaterin bei Boston Consulting, Quereinsteigerin

Helga Fuchs

Alter: 41 Jahre

Profil: Anwendungsberaterin

f Know-how

p soziale Kompetenzen: Weiterentwickeln, Beraten, Teamfähigkeit

M will neue Aufgaben, Fortsetzung ihres Berufsweges

● Onlinebewerbung

Katharina Hamann
Alter: 36
Profil: Consultant für internationale Kunst-Projekte
Sie will weiter freiberuflich in den Bereichen »Kulturconsulting« und »Neue Medien« tätig sein.

- **M** sucht Auftraggeber
- ● Akquisebrief, Flyer/Folder, ungewöhnliche Präsentation

Alda Facio Schmidt
Alter: 31 Jahre
Geburtsort: Montevideo, Uruguay
Profil: Area Sales Managerin, war vorher Sachbearbeiterin für Import Sales Services.
Sie bewirbt sich als Key-Account-Managerin bei einem Start-Up-Unternehmen in der Multimedia-Branche.

- **p** Potenzial, soziale Fähigkeiten, Kontaktstärke
- **f** internationale Erfahrungen
- **M** rascher Aufstieg in flachen Hierarchien
- ● E-Mail-Bewerbung, Start-Up-Unternehmen, unkonventionelle Bewerbung

Dr. Franziska Klein
Alter: 37
Profil: Promotion in Chemie, arbeitet seit mehreren Jahren als Pharmareferentin und bewirbt sich als Pharmaberaterin.

- **p** Kontaktstärke, sicheres Auftreten, Verhandlungsgeschick, unternehmerisches Denken, flexibel
- **M** Fortsetzung des Berufweges
- ● klassisch-konservative Bewerbung, geradliniger Lebenslauf

Beispiele für Anschreiben

Wolfgang Reschke • Hechinger Str. 70 • 72072 Tübingen • (07071) - 28 77 05

Rudolf Spitzmüller
Hoch- und Tiefbau
Herrn Steinberg
Rheinstraße 21

68161 Mannheim 15. 4. 2001

Bewerbung als Bauingenieur
Ihre Anzeige in der Frankfurter Rundschau vom 3. 4. 2001

Sehr geehrter Herr Steinberg,

ich bedanke mich sehr herzlich für das informative Telefongespräch. Das von Ihnen beschriebene Aufgabenfeld im Bereich Anlagenbau in Shanghai entspricht genau meinen fachlichen Qualifikationen und Fähigkeiten.

Kurz zu meiner Person: Ich bin Hochbautechniker und verfüge über umfangreiche Berufserfahrungen in den Bereichen Planung, Bauausführung, Abrechnung, Berichtswesen und Unterhaltung bestehender Gebäude einschließlich Sanierung. In den letzten Jahren war ich mit der Leitung eines Bauprojektes in Thailand betraut. Bei den mir übertragenen Aufgaben konnte ich mit meinem Fachwissen auch in schwierigen Situationen überzeugen und Sicherheit im Umgang mit unterschiedlichen Kooperationspartnern gewinnen.

Im Moment nehme ich an einer Weiterbildung »Projektmanagement« teil. Für die Zeit ab dem 1. 7. 2001 suche ich eine neue verantwortungsvolle Aufgabe als Bauleiter im asiatischen Raum, bei der selbstständiges Arbeiten und Kontaktfähigkeit gefordert sind. Meine Englischkenntnisse sind sehr gut, in der französischen Sprache habe ich Grundkenntnisse.

Ich freue mich darauf, Einzelheiten in einem persönlichen Gespräch zu vertiefen.

Mit freundlichen Grüßen

Wolfgang Reschke

Anlagen

Dipl.-Ing. Christoph Meryn
Neumann-Reichardt-Str. 56
50667 Köln
Tel. (05 55) 1 41 82 87

22. 7. 2001

Personalberatung
Excellent Search
Herrn Torsten Emmert
Martinistraße 2

67225 Frankenthal

Bewerbung als Geschäftsführer
Ihre Anzeige in der SZ vom 18. 7. 2001

Sehr geehrter Herr Emmert,

die Anzeige in der Süddeutschen Zeitung hat mich sehr angesprochen.

Als Geschäftsführer einer mittelständischen Firmengruppe kann und konnte ich umfassende Erfahrungen in dynamischen Märkten sammeln. Kontinuierliche Weiterbildung und Interesse an vielfältigen Themen aus Wirtschaft und Management unterstützen mich dabei, Marktveränderungen frühzeitig zu erkennen und aktiv anzugehen. Spezielle Kenntnisse habe ich mir in den Bereichen Vertrieb und Marketing, Management und Informationstechnik angeeignet.

Der Vertrieb macht mir großen Spaß, und ich konnte im Laufe meiner Tätigkeiten innovative Wege entwickeln, wie Kundenbindung in der täglichen Praxis erreicht werden kann. Zu meinen persönlichen Stärken zählen unternehmerisches Denken, Eigeninitiative und die Bereitschaft, in entscheidenden Dingen die Verantwortung zu übernehmen. In der Funktion eines Geschäftsführers gehört die erfolgreiche Führung und Motivation eines Teams von Kollegen zu meinen vorrangigen Aufgaben. Als Teamplayer bin ich es aber auch gewohnt, auf Kunden und Mitarbeiter einzugehen.

Mein Englisch ist verhandlungssicher und so gut wie akzentfrei. Frühester Einsatztermin ist für mich der 1. 10. 2001. Über meine Gehaltsvorstellungen möchte ich gerne in einem persönlichen Gespräch mit Ihnen verhandeln.

Ich freue mich, von Ihnen zu hören.

Mit besten Grüßen

Christoph Meryn

Anlagen

Alexander Heide
Diplom-Pädagoge
Thomas-Mann-Str. 30
53111 Bonn
Tel: 02 28 - 36 62 46
E-Mail: pehe@t-online.de

Reformhaus-Fachakademie
Frau Inga Seewaldt
Gotische Straße 55

61440 Oberursel

25. Juni 2001

Initiativbewerbung
Weiterbildung Organisationsentwicklung Beratung

Sehr geehrte Frau Seewaldt,

zunächst vielen Dank für das informative Telefonat. Wie besprochen überreiche ich Ihnen heute meine Bewerbungsunterlagen.

Zur Zeit bin ich in ungekündigter Stellung im Landesverband Rheinland-Pfalz der Pro Familia tätig. Meine Schwerpunkte sind:

- Erarbeitung und Umsetzung von Konzeptionen für die Fort- und Weiterbildung in Dienstleistungsunternehmen,
- Initiierung und Begleitung von Veränderungsprozessen in Unternehmen,
- Beratung von MitarbeiterInnen und Führungskräften.

Meine Freude am Umgang mit unterschiedlichen Menschen und das Renommee, das die Fachakademie genießt, führen bei mir zu dem Wunsch, in Ihrem Unternehmen in den Bereichen Weiterbildung, Organisationsentwicklung und Beratung mitzuarbeiten. Aufgrund meiner theoretischen und praktischen Qualifikationen verfüge ich, neben einem guten Einfühlungsvermögen, über eine hohe Prozesskompetenz und die Fähigkeit, strategisch-zielorientiert zu denken.

Weitere Informationen über mich finden Sie auf den folgenden Seiten. Auf eine persönliche Begegnung mit Ihnen freue ich mich.

Mit herzlichen Grüßen

Alexander Heide

Anlagen

Anmerkungen zu den Beispielen

Wolfgang Reschke

Herr Reschke sucht eine Anstellung als Bauingenieur. Er bewirbt sich auf eine Anzeige in der Frankfurter Rundschau und hat vorab mit dem Personalchef telefoniert. Herr Reschke präsentiert sich als jemand, der einen breiten und fundierten fachlichen Erfahrungshintergrund hat. Eine Besonderheit, die er bereits im Anschreiben anspricht: Er war lange in Asien tätig und möchte wieder in diesem Raum arbeiten. Als Schwerpunkte der persönlichen Qualifikationen nennt er kommunikative Kompetenzen, insbesondere Kontaktfähigkeit und selbstständiges Arbeiten.

Herr Reschke verfasst das Anschreiben in Deutsch, die weiteren Bewerbungsunterlagen in Englisch. Das hat folgenden Hintergrund: Bei einem international tätigen Unternehmen muss er damit rechnen, dass die Unterlagen unternehmensintern weitergereicht und geprüft werden. Lediglich das Anschreiben verbleibt in der Personalabteilung.

Christoph Meryn

Herr Meryn bewirbt sich bei einer Personalberatung für die Position eines Geschäftsführers. Das Unternehmen bleibt in diesem Fall anonym. Er betont in seinem Anschreiben seine Erfahrungen im Vertrieb. Stichworte sind hier: dynamische Märkte, Kundenorientierung, Teamorientierung und Führungskompetenzen. Das Anschreiben insgesamt wirkt sehr dynamisch und aktiv.

Auffallend und positiv zu würdigen ist im Anschreiben die Betonung der übergreifenden Kompetenzen als Geschäftsführer. Die Ausbildung tritt in den Hintergrund, genauso die Branche, in der Herr Meryn aktuell tätig ist.

Alexander Heide

Herr Heide bewirbt sich initiativ. Positiv zu vermerken ist das vorab geführte Telefonat, wo er Informationen zum Bedarf an Mitarbeitern erhielt. Zugleich hat er damit einen Anknüpfungspunkt. Er nennt kurz und präzise seine aktuellen Schwerpunkte und dann die Motivation, in dem Unternehmen mitzuarbeiten. Schließlich stellt er kurz dar, was ihn als Kandidaten auszeichnet.

Claudia Kernbach
Diplom-Sozialpädagogin

Bergstraße 72
49076 Osnabrück
Tel.: (05 41) 2 32 47 74
E-Mail: clauke@yahoo.com

ABI
Aktion Bildungsinformation e.V.
Herrn Sebastian Schütze
Postfach 10 06 41

70001 Stuttgart

22. Juni 2001

Bewerbung als Bildungsreferentin

Sehr geehrter Herr Schütze,

vielen Dank für das freundliche Telefonat vom 20. Juni 2001. Durch Ihre Auskünfte habe ich ein klares Bild von der Aufgabenstellung erhalten. Dies hat mich in dem Wunsch bestärkt, in Ihrer Firma als Bildungsreferentin mitzuarbeiten. Heute sende ich Ihnen meine ausführlichen Bewerbungsunterlagen.

Seit 1996 arbeite ich freiberuflich als Dozentin und Trainerin bei psychosozialen Einrichtungen. Meine Tätigkeiten umfassen:

- Organisation von Bildungsmaßnahmen
- Entwicklung kundenspezifischer Bildungskonzepte
- Durchführung eigener Trainingseinheiten

Den Hintergrund meiner Berufswahl bildet mein Interesse an menschlichen Entwicklungsmöglichkeiten, das ich auf vielfältigen Wegen in meiner Biografie verfolgt habe. Im Laufe des aktuellen Kontakt- und Aufbaustudiums »Weiterbildungsmanagement« konnte ich meine Erfahrungen um umfassende Kenntnisse in den Bereichen Organisations- und Personalentwicklung erweitern. Im Herbst 2001 werde ich das Studium abschließen. Frühester Eintrittstermin ist für mich der 15. 9. 2001.

Mehr über mich erfahren Sie auf den folgenden Seiten. Ich freue mich auf eine Einladung.

Mit freundlichen Grüßen aus Stuttgart

Claudia Kernbach

Anlagen

Stefan Meywald · Paul-Lincke-Ufer 6e · 10999 Berlin

Tel.: 030 - 618 75 56 · Mobil: 0178 - 622 32 16 · E-Mail: stmeywald@aol.com

Sennheiser electronic GmbH & Co. KG
Frau Sanftleben
Am Labor 1

30900 Wedemark 17. 5. 2001

Ihre Anzeige in der FAZ vom 12. 5. 2001
Bewerbung als Verkaufsleiter

Sehr geehrte Frau Sanftleben,

als Diplom-Wirtschaftsingenieur (FH) bewerbe ich mich für die Stelle eines Vertriebsleiters. Besonders angesprochen fühle ich mich von der Chance, in einem Unternehmen mitzuarbeiten, das sich durch die Kombination weltweiter Firmenaktivität mit mittelständischer Organisationsstruktur auszeichnet.

Schon in meinem Studium setzte ich Schwerpunkte in den Bereichen technischer Vertrieb und strategisches Marketing. Seit 1998 arbeite ich im Vertrieb und im Direktmarketing einer Versicherung. Aufgrund dieser Tätigkeit sind mir der Aufbau und die Gestaltung eines Distributionssystems mit vertikalen Vertriebsstrukturen vertraut. Ich habe mir dabei Kenntnisse und Erfahrungen sowohl in der Konzeption als auch im praktischen Aufbau eines Distributionsnetzes angeeignet.

Das Angebot, in Ihrem Unternehmen weltweite Erfahrungen zu sammeln und in globalen Teams zu arbeiten, begeistert mich. In projektbezogenen Einsätzen habe ich gelernt, mich rasch in unterschiedliche Arbeitsteams einzufinden und flexibel zu agieren. Darüber hinaus habe ich das »Standing«, also den notwendigen »langen Atem« erworben, um Projekte erfolgreich durchzuführen.

Meine besondere Stärke sehe ich im direkten Kontakt zu Vertriebspartnern und Endkunden. Verantwortung für die erfolgreiche Durchsetzung der Umsatzziele ist für mich selbstverständlich. Über den Eintrittstermin möchte ich, wie über das Gehalt, in einem persönlichen Gespräch verhandeln.

Auf ein persönliches Kennenlernen freue ich mich. Für heute verbleibe ich,

mit freundlichen Grüßen

Stefan Meywald

Anlagen

Marika Nitsche
Waldburgstr. 136
70563 Stuttgart

Stuttgart, 28/07/2001

Hewlett-Packard GmbH
Frau Janet Reuter
Herrenberger Str. 110-140

71034 Böblingen

Softwareentwickler, Kennziffer 2984
Ihre Anzeige vom 25. 7. 2001 in der Süddeutschen Zeitung

Sehr geehrte Frau Reuter,

ich bin sehr interessiert an neuen komplexen »state of the art« Softwareentwicklungen im Bereich Optische Netze.

Meine langjährigen Erfahrungen in der Transportnetzplanung (SDH, SONET, WDM) bringe ich gerne in die neuen Aufgaben ein. Meine Kenntnisse umfassen:

- Design der Architektur für NetDesigner-Transport (SICAP-Transport) (Component Based Three Tier Layer Architecture) mit Hilfe von Rational Rose
- Database Design (ACCESS und ORACLE) mit Designer/2000 für ORACLE
- System Administration UNIX (HP-UX, SUN-SOLARIS) und Win NT
- Programmieren mit COM, ATL, DCOM, MFC, C++, OSF/MOTIF unter Source Code Control
- Test und Debugging mit Rational Purify und Quantify
- Aufbau und Verwaltung LAN's (UNIX und Win NT)

Nach einer betrieblichen Umstrukturierung hat sich die neue Firma Future Photonics Inc. entschlossen, das Business Unit Transport nach Minneapolis, USA, zu verlagern. Deshalb suche ich eine andere anspruchsvolle Arbeitsmöglichkeit in Deutschland. Die Tätigkeit im Bereich Optische Netze wäre für mich eine ausgezeichnete Chance, um mich beruflich weiterzuentwickeln. Aufgaben, die analytisches Denken und rasches Auffassungsvermögen verlangen, stellen für mich einen besonderen Anreiz dar. Es fällt mir leicht, mich in Programme anderer einzudenken und im Team zu arbeiten.

Ich bin gerne bereit, nähere Einzelheiten in einem persönlichen Gespräch zu erörtern.

Mit freundlichen Grüßen

Marika Nitsche

Anlagen

Anmerkungen zu den Beispielen

Claudia Kernbach

Durch ein Telefongespräch erhält sie eine klare Vorstellung von den Aufgaben. Die Schwerpunkte ihrer Tätigkeit werden übersichtlich und auf die neue Stelle zugeschnitten dargestellt. Ein weiteres Qualifikationskriterium ist das Aufbaustudium, das bereits im Anschreiben genannt wird. Heikler Punkt: Frau Kernbach hat eine Patchwork-Biografie, das heißt, ihr Lebenslauf weist keine geradlinige Entwicklung auf. Sie hat unterschiedliche Ausbildungen absolviert und verschiedene Tätigkeiten ausgeübt. Im Berufsfeld einer Sozialpädagogin kann dies als weiterer Vorteil ins Feld geführt werden und sollte bereits im Anschreiben angesprochen werden.

Stefan Meywald

Herr Meywald stellt sich als zielstrebigen Vertriebsleiter vor. Gleich im ersten Absatz nennt er die besondere Motivation, sich bei einem mittelständischen Unternehmen zu bewerben. Was die Qualifikationen betrifft, kann er unmittelbar an seine Erfahrungen anknüpfen, nämlich den Aufbau eines Distributionssystems mit vertikalen Vertriebsstrukturen. Weitere Stichworte, die ihn als geeigneten Kandidaten erscheinen lassen, sind Teamarbeit, Kommunikationsfähigkeit und projektbezogene Einsätze. Der Einsatz, den Herr Meywald zu erbringen bereit ist, wird im Anschreiben deutlich – und genau darauf sind mittelständische Unternehmen angewiesen.

Marika Nitsche

Frau Nitsche bewirbt sich als Softwareentwicklerin für den Bereich Optische Netze. Sie ist eine hoch qualifizierte Spezialistin; gleich im zweiten Absatz geht sie darauf ein und stellt die wichtigsten Kenntnisse aus dem Bereich der Transportnetzplanung vor. Sie erklärt im Anschluss daran, warum sie eine neue Stelle in Deutschland sucht.

Dieses Anschreiben ist sehr sachlich und ganz und gar auf den fachlichen Hintergrund konzentriert. Erst zum Schluss kommt Frau Nitsche mit wenigen Worten auf ihre rasche Auffassungsgabe und auf ihre Teamerfahrungen zu sprechen.

Absender: Jueseifert@snafu.de
Empfänger: kraemer@datev.de

Headline: Initiativbewerbung IT/Organisation

Text:
Jürgen Seifert
Hirtenstraße 62
80335 München
Tel: 089-4 54 39 10

DATEV GmbH
Personalabteilung
Herrn Krämer

90329 Nürnberg

Initiativbewerbung IT/Organisation

Sehr geehrter Herr Krämer,

anschließend an unsere E-Mail-Korrespondenz bewerbe ich mich um eine Stelle in der IT-Organisation in Ihrem Hause. In einer Mitarbeit bei der DATEV GmbH sehe ich die Chance, meine Fähigkeiten, Kenntnisse und mehrjährigen Erfahrungen im IT-Bereich optimal einsetzen zu können.

Im Aufbau einer Abteilung Datenverarbeitung/Organisation bei einem Träger der freien Wohlfahrtspflege und bei einem Unternehmen des Maschinen-Mietservices habe ich mein Wissen und mein Können unter Beweis gestellt. Zu meinen Aufgaben gehörten die konzeptionellen Vorüberlegungen und die Einführung einer Datenkommunikations-Infrastruktur sowie einer betriebswirtschaftlichen Software. Darüber hinaus habe ich mich mit den organisatorischen Aspekten von IT-Projekten vertraut gemacht. Aktuell bilde ich mich zum zertifizierten SAP-Berater Materialwirtschaft fort.

In meiner täglichen Arbeit bin ich es gewohnt, eigenverantwortlich, teamorientiert und mit Engagement für den reibungslosen Ablauf der IT-Organisation zu sorgen. Eine starke Leistungsmotivation in Verbindung mit hoher Lernbereitschaft runden mein Profil ab. Als frühesten Eintrittstermin kann ich mir den 1. Juni 2001 vorstellen.

Über eine Einladung zu einem persönlichen Gespräch freue ich mich sehr und verbleibe

mit besten Grüßen

Jürgen Seifert

Anlagen

DIPL.-KFM. WALTER OETINGER
Hofkamp 41 – 42103 Wuppertal – Tel: 02 02 - 9 34 48 31

Wuppertal, 8. 3. 2001

Klaus Pickardt
Immobilien- und Grundstücksverwaltung
Herrn Alfred Scholz
Markgraf-Albrecht-Str. 6

10717 Berlin

Bewerbung als Projektentwickler

Sehr geehrter Herr Scholz,

mit großem Interesse habe ich Ihre Annonce in der Berliner Zeitung gelesen. Als Immobilienspezialist mit umfangreichen Erfahrungen in der Grundstücksentwicklung und einem sehr guten Marktüberblick stelle ich mich Ihnen vor.

In meiner mehrjährigen Tätigkeit im Immobilienbereich eignete ich mir fundierte und umfassende Kenntnisse in den Bereichen Stadtplanung, Grundstücksverkehr, Überprüfung der Ausnutzbarkeit des Grundstücks unter Vermarktungsgesichtspunkten, Vermietung und Verkauf von freien und bebauten Liegenschaften an. Als Projektleiter einer städtebaulichen Entwicklungsmaßnahme oblag mir die Koordination eines Neubau-Vorhabens. In meiner Funktion als Treuhänder hatte ich die Maßnahme auch gegenüber der finanzierenden Gemeinde zu verantworten. Verhandlungen und Geschäftsabschlüsse mit Wohn- und Gewerbemietern wurden von mir selbstständig und erfolgreich durchgeführt.

Zur Zeit absolviere ich beim IFM (Institut für Managementberatung) eine Ausbildung zum SAP-Spezialisten auf dem Gebiet Immobilienmanagement. Meine SAP-Fortbildung endet mit 30. 6. 2001. Ab diesem Zeitpunkt stehe ich Ihnen und Ihrem Team gerne zur Verfügung. Meine Gehaltsvorstellungen liegen bei Euro 45.000,-- p.a. Über eine Einladung zu einem persönlichen Gespräch freue ich mich sehr.

Mit schönen Grüßen

Anlagen

Frank Krüger
Diplom-Psychologe

Imbergstraße 3
33048 Paderborn
Tel: 0 52 51 - 13 55 26

Hypo-Vereinsbank
Personalabteilung
Frau Immendorf
Werderstr. 11

55131 Mainz

4. 5. 2001

Ihre Stellenanzeige in der Frankfurter Rundschau vom 31. 3. 2001
Bewerbung als Personalentwickler, Kennziffer 78

Sehr geehrte Frau Immendorf,

ich bedanke mich für das informative Telefongespräch am 2. 5. 2001. Ihre Stellenanzeige spricht mich an, da Ihr Anforderungsprofil eines Personalentwicklers und mein Fähigkeitsprofil sehr gut übereinstimmen.

Ich bin Diplom-Psychologe und möchte in Ihrem Unternehmen im interdisziplinären Team »Potenzialerkennung und Führung« mitarbeiten. Ihr Dienstleistungsangebot in der Personalabteilung will ich mit meiner

- vielfältigen Beratungs- und Methodenkompetenz
- Erfahrung in der Fokussierung auf Entwicklungspotenziale
- ressourcenorientierten Moderation
- Begleitung von intra- und interpersonellen Lösungsprozessen

bereichern. Ergänzt werden meine Kenntnisse durch eine mehrjährige Führungserfahrung in der Fachabteilung einer Klinik.

Über einen möglichen Eintrittstermin würde ich mich gerne mit Ihnen persönlich unterhalten und freue mich auf eine Einladung zu einem vertiefenden Gespräch.

Mit freundlichen Grüßen

Frank Krüger

Anlagen

Anmerkungen zu den Beispielen

Jürgen Seifert

Seiner Online-Initiativbewerbung geht ein E-Mail-Schriftwechsel voraus, auf den er sich bezieht. Herr Seifert will in den Bereich IT-Organisation und begründet dies mit seinen langjährigen Erfahrungen und Qualifikationen in diesem Bereich und der aktuellen Weiterbildung zum SAP-Berater. Einerseits ist diese Bewerbung mit der Überschrift IT-Organisation recht allgemein gehalten, andererseits kann dies strategisch sinnvoll sein, wenn noch nicht klar ist, wo genau ein Bedarf an Mitarbeitern besteht. Mit einem detaillierteren Profil oder der Konkretisierung von sehr speziellen Vorstellungen könnte Herr Seifert Chancen verspielen.

Walter Oetinger

Im Bewerbungsschreiben antwortet Herr Oetinger auf eine Stellenanzeige als Projektentwickler und geht dabei ausführlich auf seine Erfahrungen im Immobilienbereich ein. Er stellt seine verschiedenen Verantwortungsbereiche kurz dar. Die Tatsache, dass Herr Oetinger arbeitslos war, sich um eine Weiterqualifizierung bemüht hat und aktuell eine SAP-Weiterbildung macht, rückt im Anschreiben (und auch weiter unten im Lebenslauf) in den Hintergrund. Der Leser hat so den Eindruck, einen fachlich kompetenten Bewerber vor sich zu haben, der zielstrebig seinen Berufsweg in der Immobilienbranche verfolgt.

Frank Krüger

Dieser Bewerbung ist ein Telefonat vorausgegangen, das der Kandidat natürlich auch erwähnt, um einen positiven Wiedererkennungseffekt zu erzielen. Herr Krüger geht sehr adressatengerecht vor. Er bietet ein maßgeschneidertes Kompetenzprofil, zugeschnitten auf die Aufgabe »Potenzialerkennung und Führung«. Mit den Begriffen »ressourcenorientiert« beziehungsweise »Dienstleistungsangebot« gibt Herr Krüger zu erkennen, dass er die Sprache eines Unternehmens kennt. Wichtig ist dies, weil er »branchenfremd« ist. Er hat die Hürde zu überwinden, von der psychologischen Klinik in eine sehr konservative Branche, nämlich das Bankenwesen, zu wechseln.

Anna Weismann
Bahnhofstr. 33
97070 Würzburg
Tel: 0391 - 543 540

Theodor Sommer Werk
Frau Leiprecht
Fliederstraße 7

97054 Würzburg 14. 2. 2001

Sekretärin für die Tagesklinik Sommer

Sehr geehrte Frau Leiprecht,

Ihre Stellenanzeige im Würzburger Tagesspiegel vom 12. 2. 2001 habe ich mit großem Interesse gelesen und bewerbe mich als Sekretärin bei Ihnen.

Als ausgebildete Industriekauffrau verfüge ich über alle Qualitäten einer Allroundkraft im kaufmännischen Bereich und durch die mehrjährige Tätigkeit als Büroleiterin in einer Drogentherapie-Einrichtung auch über Kompetenzen im psychosozialen Bereich.

Der Schwerpunkt meiner Aufgaben liegt in der Patientenbetreuung, wie Empfang, Terminvergabe und dazugehörige Datenverwaltung. Die Buchhaltung der Stiftung sowie die Abrechnung mit öffentlichen Zuwendungsgebern und Privatpatienten gehört ebenfalls in meinen Verantwortungsbereich. Neben den allgemeinen Sekretariatsaufgaben bin ich versiert in der Anwendung von MS-Office.

Den Umgang mit kranken Menschen bin ich gewohnt und durch die kontinuierliche Arbeit mit schwierigem Klientel belastbar. Selbstständigkeit, Selbstverantwortung und die Bereitschaft, in einem Team zu arbeiten, bringe ich mit.

Nach fast fünfjähriger Arbeit in diesem Projekt suche ich eine neue Herausforderung und bin interessiert an neuen Aufgaben und offen für Veränderungen. Über die Gelegenheit zu einem ausführlichen Gespräch freue ich mich sehr.

Mit freundlichen Grüßen

Anlagen

Anna Weismann
Bahnhofstr. 33
97070 Würzburg
Tel: 0391 - 543 540

ergoline GmbH
Herrn Fiedler
Ulmenallee 17

97044 Würzburg

13. 2. 2001

Bewerbung als Kauffrau

Sehr geehrter Herr Fiedler,

das Angebot in der Würzburger Morgenpost vom 9. Februar 2001 habe ich mit Interesse gelesen und möchte mich kurz vorstellen:

Mit meiner Ausbildung als Industriekauffrau und meiner langjährigen Erfahrung als Sekretärin/Büroleiterin der Beckmann-Stiftung verfüge ich über ein Fähigkeitsprofil, das mich für den kaufmännischen Bereich vielseitig qualifiziert. Neben den allgemeinen Sekretariatsaufgaben bin ich in der Anwendung von MS-Office und im Umgang mit dem Internet versiert. Selbstständigkeit, Selbstverantwortung und die Bereitschaft in einem Team zu arbeiten bringe ich mit.

Nach fast fünfjähriger Arbeit in der Stiftung suche ich eine neue Herausforderung. Ich bin interessiert an neuen Aufgaben und offen für Veränderungen. Meine Gehaltsvorstellung liegen bei 28.000 Euro p.a.

Ich freue mich über die Einladung zu einem persönlichen Gespräch.

Mit herzlichen Grüßen

Anna Weismann

Anlagen

EDITH MATTHIES

Kronprinzenstraße 66 • 53145 Bonn • Tel: 02 28 - 29 05 85

Präsident des
Landesarbeitsamtes Bonn
Herrn Frank Neussel
Ludwig-Erhard-Straße 34

53128 Bonn 5. 6. 2001

Ihre Stellenausschreibung in der Frankfurter Rundschau vom 3. Juni 2001
Bewerbung als Berufsberaterin für Abiturienten und Hochschüler

Sehr geehrter Herr Neussel,

meine Ausbildung als Bibliothekarin und Dokumentarin ermöglichte mir eine Ausrichtung auf einen Beruf, in dem Informationsvermittlung und Servicebereitschaft von zentraler Bedeutung sind. Nach meinem Studienabschluss als Altphilologin und einer Tätigkeit an der Universitätsbibliothek der Columbia University, New York, war ich als Sachbearbeiterin beim Europaforum in der Vermittlung von Praktika an in- und ausländische Studenten tätig.

Seit Juli 1996 arbeite ich als Sachbearbeiterin beim Deutschen Wirtschaftsverband. Der telefonische, persönliche und schriftliche Informationsaustausch und die Kontaktpflege mit unterschiedlichen Interessengruppen wie Medien, Fachöffentlichkeit und Ministerien stellen hohe Anforderungen an die Kommunikationsfähigkeit und bildet den Hauptbestandteil meines täglichen Arbeitsablaufs. Darüber hinaus gehören die inhaltliche und organisatorische Vorbereitung von Veranstaltungen sowie die Auswertung von Presseberichten zu meinen Aufgaben.

Beratende und informationsvermittelnde Tätigkeiten spielen eine wichtige Rolle in meiner bisherigen Berufstätigkeit. Diesen fundierten Erfahrungsschatz möchte ich sehr gerne in die Berufsberatung für Abiturienten und Hochschüler einbringen und freue mich auf eine Einladung zu einem persönlichen Gespräch.

Mit freundlichen Grüßen

Edith Matthies

Anlagen

SANDRA HAUSER
Steindamm 60, 20415 Hamburg, Tel: 040 - 3 17 79 30

Hamburg, 22. 5. 2001

Heraeus Kulzer GmbH & Co. KG
z. Hd. Frau Gabriele Bergmann
Grüner Weg 11

63450 Hanau

Ihre Anzeige in der FAZ vom 19. 5. 2001
Bewerbung als Controllerin

Guten Tag Frau Bergmann,

vielen Dank für die Informationen, die Sie mir in unserem heutigen Telefonat über die Sonderprojekte Ihres Unternehmens gegeben haben.

Im Anschluss an mein Studium der Wirtschaftswissenschaften begann ich meine berufliche Laufbahn als Unternehmensberaterin bei einer Wirtschaftsberatung. Dort habe ich mich mit dem Controlling vertraut gemacht, was zu dem Wunsch führte, mich in diesem Bereich zu spezialisieren. Nach nunmehr gut drei Jahren Tätigkeit als Controllerin bei der Robert Bosch GmbH möchte ich meine langjährigen und vielfältigen Erfahrungen in projektbezogenen Einsätzen auf internationaler Ebene unter Beweis stellen.

Mein Rüstzeug besteht hier in der exzellenten Kenntnis der Definition und Umsetzung von operativen und strategischen Zielen sowie einem hohen kreativen Potenzial, das – verbunden mit der Fähigkeit zu systematischer Vorgehensweise – meinen Arbeitsstil kennzeichnet. Bei der Lösung komplexer Aufgaben unterstützen mich dabei meine Fähigkeit, mit unterschiedlichen Menschen zusammenzuarbeiten und offen auf Menschen zuzugehen.

Ich freue mich darauf, in einem persönlichen Gespräch mehr über die Zukunftspläne Ihres Unternehmens zu erfahren.

Mit freundlichen Grüßen

Sandra Hauser

Anlagen

Anmerkungen zu den Beispielen

Anna Weismann

Im ersten Anschreiben bewirbt sich Frau Weismann als Sekretärin für eine Tagesklinik. Sie kann dabei auf ihre Ausbildung als Kauffrau und ihre Erfahrungen im psychosozialen Bereich verweisen. Sie beschreibt ihre aktuellen Verantwortungsbereiche mit dem Schwerpunkt im Bereich Patientenbetreuung. Ihr Erfahrungshintergrund passt hervorragend zur Stellenausschreibung. Betont werden die sozialen Qualifikationen wie Belastbarkeit und Umgang mit schwierigen Klienten.

In der zweiten Bewerbung antwortet sie auf eine Stelle als Kauffrau. Hier stellt sie ihre Erfahrungen als Büroleiterin in den Vordergrund.

Edith Matthies

Frau Matthies fängt direkt mit ihrem beruflichen Erfahrungshintergrund an. Sie stellt ihre beratende, informationsvermittelnde Tätigkeit in den Vordergrund und belegt diese Hinweise mit konkreten Beispielen aus ihrer Berufspraxis. Jede Behauptung wird mit Erfahrungen gefüllt. Ihre kommunikativen Fähigkeiten kommen in der Gestaltung des Anschreibens selbst zum Ausdruck. Beispiel für ein relativ ausführliches, auf die Stelle zugeschnittenes Anschreiben.

Sandra Hauser

Frau Hauser beginnt das Anschreiben mit einer Grußformel »Guten Tag Frau ...«, was dann angebracht ist, wenn Sie Ihren Ansprechpartner bereits kennen. Das Anschreiben ist auf die Demonstration von Zielstrebigkeit angelegt. Frau Hauser hat darüber hinaus einen sehr geradlinigen Berufsweg vorzuweisen – eine Eigenschaft, die von Controllern gewünscht und erwartet wird. Ihr Motiv für die Bewerbung, nämlich die Mitarbeit in internationalen Projekten, wird ergänzt durch die Erwähnung entsprechender Soft Skills – Teamorientierung, Kontaktstärke, Lösungskompetenz für komplexe Aufgaben. Insgesamt ist dieses Anschreiben ein Beispiel für eine klassisch konservative Bewerbung.

JOHANNES FÜRSTENBERG

An der Strusbek 14 – 27195 Bremerhaven
Fon +49 432-63 89 77 – Mobile +49 176-2 26 98 73 – E-Mail Johannesfue@web.de

Mr. Peter Fletcher
Safari Park Travel
230 Brickell Ave., Suite 700
Pretoria, 13131
South Africa

Bremerhaven, May 11, 2001

Search for Employment with Safari Park Travel

Dear Mr. Fletcher,

Mr. Jones suggested that I should make an application for employment within your company. As a tourist guide with substantial experience in international safari travel, I would like to introduce myself.

My work experience includes companies like Krüger Safari Company, Mozambique, Osttransvaal Travel, S&P, Ikarus, Namibia Expedition and safari tours such as Shongolo, Victor, Constanza, Thornybush and Garden Star. Aside from my work as travel guide, I do consulting and lecturing in tourist organizations in Germany and South Africa. My academic degree is a German diploma in anthropology. In addition, I have earned certificates in presenting, communication skills, leading discussions and lectureship in education for adults.

Some of my special interests include intercultural communication and wild life protection. I am well aware that your company, which is one of the oldest and first safari travel companies, still offers culture and comprehensive information to guests. My qualifications will be very useful in providing round trips and cultural insights to visitors – which is becoming more and more important in tourism.

I am confident in my ability to contribute to the successful running of the South African international safari business. As a native German speaker with an international background I see a position in your company as a chance to further a challenging career, in which I can use my skills and experience in the field of tourism.

Naturally, I would welcome an interview to discuss the background I have outlined on the enclosed CV. I look forward to hearing from you.

Yours truly,

Johannes Fürstenberg

Martina Seipold
Hunoldsberg 2
86150 Augsburg
Tel. 08 21 - 4 33 29 46

TIFF
Herrn Josef Stark
Unterer Graben 41

86152 Augsburg 9. Juli 2001

Bewerbung als Assistentin der Kaufmännischen Geschäftsleitung
Ihr Inserat im Augsburger Wochenblatt vom 7. 9. 2001

Sehr geehrter Herr Stark,

Ihre Erwartungen an eine Assistentin der Kaufmännischen Geschäftsleitung entsprechen meinen praktischen beruflichen Erfahrungen und meinen Neigungen.

Seit 1993 bin ich als Assistentin der Geschäftsführung in einer Baugesellschaft tätig und mit den Höhen und Tiefen der Immobilienentwicklung eng vertraut. Gute Organisation und die Sorge für den reibungslosen tatsächlichen Ablauf in einer Entwicklungsgesellschaft liegen in meinem Aufgabenbereich. Ich unterstütze mit Begeisterung die Akteure in der »ersten Reihe«. Seit 1998 habe ich zusätzlich und eigenverantwortlich Projekte im operativen Geschäft im Bereich Beteiligungscontrolling und Unternehmensplanung übernommen.

Im Umgang mit fachlichen Herausforderungen, die neben der Organisation auch die Konzeption von Projekten umfassen, bin ich genauso versiert wie in der Anleitung und Führung von Personal. Die englische Sprache beherrsche ich perfekt, weil sie Muttersprache eines Teils meiner Familie ist. Darüber hinaus verfüge ich über umfassende Anwendungskenntnisse in der MS-Standard-Software.

Da ich mich aus einer ungekündigten Position bewerbe, bitte ich Sie, meine Bewerbung sehr diskret zu behandeln. Über Ihr Interesse und eine Einladung zum persönlichen Kennenlernen – vor allem, da mich »die weiße Stadt im Gebirge« bereits vor einiger Zeit verzaubert hat – freue ich mich und verbleibe

mit freundlichen Grüßen

Martina Seipold

Anlagen

MARIA TSCHADOW

Vogelsanger Weg 22, 40470 Düsseldorf, Tel: 02 11/6 88 95 23, E-Mail: matscha@web.de

Boston Consulting Group
Personalabteilung
Herrn Andreas Klein
Stadttor 1

40219 Düsseldorf 30. 5. 2001

Sehr geehrter Herr Klein,

wie kommt eine Philosophin dazu, sich für den Beruf der Unternehmensberaterin zu interessieren? Die Vorstellung an ganz unterschiedlichen Orten, gemeinsam mit einem Team von Kollegen unbekanntes Territorium zu erobern und maßgeschneiderte Lösungen für Kunden zu entwickeln, begeistert mich. Besonders angesprochen fühle ich mich von der Boston Consulting Group durch die Tatsache, dass auch »Quereinsteiger« bei Ihnen gern gesehene Partner für Beratungsprojekte sind.

Neugierde und der Spaß an fremden Dingen zeichnen meinen Studien- und Berufsweg aus. Länder- und fächerübergreifende Projekte führten mich nach Mexiko, Argentinien, Indien und in die USA. Nach Studienaufenthalten und Theaterworkshops vor Ort begann ich zunehmend, mich für das Agieren von Unternehmen im globalen Kontext zu interessieren. In den letzten Jahren habe ich bei der Organisation und Durchführung von interkulturellen Trainings für Firmen wie Siemens und VW mitgearbeitet.

Wie ich feststellen konnte, kommt es immer wieder darauf an zu verstehen, wie Prozesse ablaufen und zu überlegen, wie Abläufe optimiert werden können. Meine Ausbildung als Philosophin und eine erprobte analytische Kompetenz helfen mir dabei, wiederkehrende Muster zu erkennen, Wichtiges von Unwichtigem zu unterscheiden und Lösungswege zu erarbeiten. Ich würde mich als handfeste Macherin beschreiben, geprägt von Eigeninitiative und Pragmatismus.

Ich freue mich auf ein persönliches Gespräch.

Freundliche Grüße

Anlagen

Anmerkungen zu den Beispielen

Johannes Fürstenberg

Herr Fürstenberg bewirbt sich initiativ bei einem südafrikanischen Unternehmen in der Tourismusbranche. Bei einer englischen Bewerbung sind kleine formale Änderungen gegenüber der deutschsprachigen Version zu beachten: Ort und Datum links, die Bewerbung beginnt mit der Nennung des Berufszieles (Objektive). Da er seinen Brief unaufgefordert schickt, muss schon der erste Satz den Leser fesseln. Herr Fürstenberg gewinnt die Aufmerksamkeit, indem er auf eine bekannte Person verweist, die ihn empfohlen hat. Wichtig bei Bewerbungen im englischsprachigen Ausland sind Referenzen. Herr Fürstenberg nennt diese gleich im Anschreiben im zweiten Absatz. Im Weiteren folgt eine Aufzählung der Qualifikationen – wie in der deutschen Bewerbung geht es darum, auf professioneller und persönlicher Ebene zu überzeugen. Der Bewerber konzentriert sich auf seine Pluspunkte und beendet den Abschnitt mit der Versicherung, dass die Firma von seiner Mitarbeit profitieren wird. Im letzten Abschnitt geht es wieder darum, mit dem Leser in Kontakt zu treten. Im Englischen darf man dabei ein bisschen direkter sein als im Deutschen.

Martina Seipold

Bei der Bewerbung um die Stelle einer Assistentin der Geschäftsführung argumentiert Frau Seipold vor allem mit ihrer langjährigen Berufserfahrung. Auf diese Weise umgeht sie geschickt die Anforderung »Studium der Betriebswirtschaft«. In ihrer Berufsbiografie kann sie einen stetigen beruflichen Aufstieg für sich geltend machen. Zusätzliche Anforderungen wie englische Sprachkenntnisse und EDV-Kenntnisse erfüllt sie perfekt. Als hochkarätige Praktikerin spricht sie gezielt die persönliche Ebene an und stellt sich als kommunikationsstarke Mitarbeiterin vor, die weiß, worauf es ankommt. Auch über die Motivation lässt sie den Leser nicht im Unklaren: Das Projekt »die weiße Stadt im Gebirge« ist ihr wohlbekannt und hat sie schon seit längerem begeistert.

Maria Tschadow

Das Anschreiben für ihre Initiativbewerbung beginnt Frau Tschadow mit der Inszenierung eines Frage-Antwort-Spiels. Mit der Frage »Wie kommt eine Philosophin dazu, sich für den Beruf der Unternehmensberaterin zu interessieren?« nimmt sie mögliche Einwände des Personalchefs vorweg und macht auf sich neugierig. Diese Variante ist sicherlich bei Unternehmen angebracht, die auf die Persönlichkeit von Mitarbeitern großen Wert legen.

Frau Tschadow präsentiert sich als außergewöhnliche Kandidatin. Sie hat keine fachlichen Kompetenzen aus dem Bereich BWL oder der IT-Branche vorzuweisen und setzt auf die Karte der Individualität. Aus dem Anschreiben ist die Orientierung der Kandidatin an Neuem, Aufregendem, der Wunsch nach Herausforderungen förmlich zu spüren. Aus der Selbstdarstellung des Unternehmens weiß sie, dass bei bcg kein starres Hierarchiedenken vorherrscht. Witzig, spritzig, gepaart mit Begeisterung und fundierten interkulturellen Erfahrungen, das ist ihre Selbstmarkting-Strategie.

franzen@ccon.com

Bewerbung als Anwendungsberaterin für MIS
Jobpilot.de/Stellenanzeigen

Sehr geehrter Herr Dr. Franzen,

Sie beschreiben einen Arbeitsbereich, der mich sehr interessiert und meinen Fähigkeiten und Neigungen entspricht.

Ich bin Anwendungs- und Systembetreuerin und möchte mich beruflich weiterentwickeln und neuen Aufgaben stellen. Zu meinem derzeitigen Zuständigkeitsbereich in der Abteilung Datenverarbeitung/Organisation gehören folgende Aufgaben:

- Anwendungsprogramme unter UNIX zu testen, zu beschreiben, zu schulen
- Unterstützung der Anwender/innen bei der Nutzung
- Erstellen von Auswertungen unter Excel/Access aus systemübergreifenden Datenbanken
- Einführung von MS-Office-Produkten und die Betreuung der Anwender/innen bei der Nutzung

Gerne würde ich mich in einem persönlichen Gespräch vorstellen und freue mich über eine Einladung.

Mit freundlichen Grüßen

Helga Fuchs
Hauptstraße 147
69120 Heidelberg

Telefon: 0 62 21 - 74 45 13
E-Mail: helfuchs@hotmail.com

ALDA FACIO SCHMIDT

Karl-Friedrich-Straße 22, 66391 Heidelberg, Tel.: (03 33) 29 48 57 56, E-Mail: alda@gmx.de

Multimedia-Agentur Machwerk
z.H. Frau Bettina Vogel
Human Resources Dpt.
Postfach 10 37 80

69027 Heidelberg

18. 6. 2001

Bewerbung als Key-Account-Managerin
Ihre Stellenausschreibung bei stepstone.de

Sehr geehrte Frau Vogel,

vielen Dank für unseren ersten Kontakt und das informative Gespräch. Durch mein Studium der Betriebswirtschaftslehre und die Zusatzausbildung mit dem Schwerpunkt Absatzmanagement und Marketing und vor allem durch meine Berufserfahrungen im In- und Ausland biete ich Ihnen nicht nur theoretisch fundiertes Wissen, sondern auch praktische Erfahrungen im Vertrieb.

Meinen Berufseinstieg in Deutschland fand ich zunächst als Sachbearbeiterin für den Import eines Konzerns. Meinen Aufgabenbereich habe ich im Anschluss daran als Area Sales Managerin bei einem mittelständischen Unternehmen erweitert, wo ich auch meine Fremdsprachenkenntnisse erfolgreich einsetzen konnte. Bei meinen bisherigen beruflichen Stationen stand für mich das kommunikative Element stets im Mittelpunkt, gepaart mit rascher Auffassungsgabe, Flexibilität und der Fähigkeit, Kunden zu begeistern. Die intensive Zusammenarbeit mit der Führungsebene und den Sales Teams vor Ort bildete die Voraussetzung für ein zielführendes Ausarbeiten von Verkaufskonzepten und Marketingstrategien.

Diese Vertriebsqualitäten möchte ich in einer neuen fordernden Position als Key-Account-Managerin bei Machwerk einsetzen. Wie Sie betonen, werden Leute, die individuelle Freiräume zur Entfaltung unternehmerischer Potenziale zu nutzen wissen, gesucht. Die Tätigkeitsbeschreibung sehe ich als große Herausforderung und als konsequente Fortführung meines beruflichen Weges.

Ich freue mich auf ein nächstes Gespräch mit Ihnen.

Mit freundlichen Grüßen

Alda Facio Schmidt

Anlagen

Dr. Franziska Klein • Rheinstraße 3 • 55116 Mainz • Tel.: 0 61 31 / 8 51 42 64

MSD Sharp & Dohme GmbH
Personalabteilung
z.H. Margot Koch
Lindenplatz 1

85540 Haar b. München

Mainz, 3. 7. 2001

Bewerbung als Pharmaberaterin
für den Bereich Antiinfektive/Antibiotika

Sehr geehrte Frau Koch,

als Pharmareferentin mit Berufserfahrung interessiert mich die von Ihnen ausgeschriebene Stelle außerordentlich, da sie eine konsequente Weiterentwicklung meines Berufsweges darstellt. Die Kombination aus langjähriger Erfahrung in der Pharmabranche und meinen persönlichen Qualifikationen, wie überzeugendes Auftreten und ein hohes Maß an Eigeninitiative, machen mich zur geeigneten Kandidatin.

Nach meinem Promotionsstudium in Chemie arbeitete ich zunächst als Beraterin für ein ökologisches Projekt im Bereich Umwelt. Meinen Wunsch, weiter in den anspruchsvollen Vertrieb einzusteigen, realisierte ich bei Pharmaunternehmen und spezialisierte mich auf Antiinfektive/Antibiotika. Nach mehrjähriger Tätigkeit bei meinem derzeitigen Arbeitgeber suche ich eine neue Herausforderung. Meine derzeitige Aufgabe umfasst die Präsentation einer Produktpalette spezifischer Antibiotika für das Gebiet der Neuen Bundesländer. Ich habe es in den letzten beiden Jahren hervorragend verstanden, Kundenkontakte aufzubauen, zu pflegen und Umsatzziele zu realisieren. Nunmehr suche ich die Alleinverantwortung für dieses Gebiet für einen internationalen Konzern.

Über meine Gehaltsvorstellungen und einen möglichen Eintrittstermin möchte ich gerne in einem persönlichen Gespräch verhandeln und freue mich auf eine Einladung.

Mit besten Grüßen

Franziska Klein

Anlagen

Anmerkungen zu den Beispielen

Helga Fuchs

Frau Fuchs verschickt Ihre Bewerbungsunterlagen als Attachment. Nur das Anschreiben wird direkt in die E-Mail geschrieben. Wichtig ist das Feld »Betreff« – ausfüllen! Als Online-Anschreiben präsentiert es Ihr Anliegen noch kürzer und prägnanter als ein auf dem Postweg versendetes Bewerbungsschreiben. Frau Fuchs hält sich an die optimale Länge von einer halben Seite Text. Sie stellt ihre aktuellen Aufgaben in den Mittelpunkt, da Anforderungs- und Kompetenzprofil perfekt zueinander passen. Mit wenigen Worten hat sich Frau Fuchs damit als ideale Kandidatin vorgestellt.

Alda Facio Schmidt

Diese Kandidatin bewirbt sich bei einem Start-up-Unternehmen. Die Branche setzt auf innovative Ideen und das Potenzial ihrer Mitarbeiter. Das Motiv von Frau Schmidt ist die berufliche Weiterentwicklung und der rasche Aufstieg, wofür die Multimedia-Branche als solche bekannt ist. Gesucht werden kreative Menschen mit neuen Ideen. Diese Botschaft transportiert Frau Schmidt vor allem durch die ungewöhnliche Gestaltung ihrer Bewerbungsunterlagen. In den Mittelpunkt Ihres Bewerbungsschreibens stellt sie explizit fundierte Kenntnisse und Erfahrungen im Vertrieb und Marketing. Als extrafunktionale Fähigkeit hebt sie ihre kommunikativen Talente hervor – auch das ein unbedingtes Muss in der Branche. Auch über Ihre Motivation, elegant verpackt, lässt sie den Leser nicht im Unklaren.

Dr. Franziska Klein

Das Anschreiben von Frau Dr. Klein vermittelt gleich im ersten Absatz in aller Kürze den Grund ihrer Bewerbung. Im nächsten

Abschnitt stellt sie ihren Berufsweg vor und verpackt dabei alle relevanten Informationen in den Text. Der Tonfall des Briefes ist sehr sachlich, zeugt jedoch von einer sehr souveränen und selbstbewussten Kandidatin. Sie zeigt damit, dass sie auch das Selbstmarketing perfekt beherrscht. Insgesamt ist dies ein Beispiel für ein klassisch konservatives Anschreiben auf hohem Niveau.

Deckblatt/Einleitungsseite

Gute Bewerbungsunterlagen können mit oder ohne Deckblatt entstehen, mit einer Einschränkung: Ein Deckblatt macht nur Sinn bei üppigen Mappen, sonst wirkt das Ganze leicht übertrieben. Wenn Sie sich für ein Deckblatt entscheiden, dann gilt mehr denn je das Augenmerk der Optik. Diese muss zum Unternehmen und zu Ihrer Position passen.

Auf dem Deckblatt können Sie in der Mitte des Blattes das Foto als Blickfänger platzieren, das in diesem Fall etwas größer sein darf. Oben auf dem Blatt stehen der Name des Unternehmens sowie die Position, für die Sie sich bewerben, darunter Ihr Name, Beruf, Adresse und Telefonnummer. Gegebenenfalls vermerken Sie hier auch persönliche Daten wie Geburtsdatum und -ort.

Eine persönliche Note geben Sie Ihrem Deckblatt mit einem aussagekräftigen Motto in Form eines Zitates oder eines Sprichwortes. Aber Vorsicht: Ihr literarischer Entwurf sollte weder abgedroschen, verbraucht noch nichts sagend wirken – und er muss zur angestrebten Position passen.

Sie können die Informationen auch aufteilen, indem Sie auf einem Deckblatt lediglich das Unternehmen und die Position sowie Ihren Namen und die Berufsbezeichnung anführen. Weitere Angaben zu Ihrer Person sowie das Foto sind dann auf einer gesonderten Einleitungsseite zu finden, die wiederum die Funktion hat, Sie als Bewerber optisch ansprechend »rüberzubringen«.

Beispiele für Deckblätter

Dipl.-Ing. Christoph Meryn
Neumann-Reichardt-Str. 56
50667 Köln
Tel. (05 55) 1 41 82 87

Christoph Merin
geboren am 3. Dezember 1957 in Köln
verheiratet, 2 Kinder

BEWERBUNGSUNTERLAGEN

für die Position eines
Geschäftsführers

Personalberatung
Excellent Search
Frankenthal

Claudia Kernbach
Diplom-Sozialpädagogin
geboren am 4. Mai 1965
verheiratet, eine Tochter

Bewerbungsunterlagen für die

ABI
Aktion Bildungsinformation e.V.

Claudia Kernbach · Bergstraße 72 · 49076 Osnabrück
Tel: (05 41) 2 32 47 74 · E-Mail: clauke@yahoo.com

Bewerbung

bei der

Reformhaus-Fachakademie
Inga Seewaldt

von

Alexander Heide
Diplom-Pädagoge

Thomas-Mann-Str. 30
53111 Bonn
Tel.: 02 28 - 36 62 46
E-Mail: pehe@t-online.de

Zu meiner Person

Alexander Heide
geboren am 10. Februar 1959 in Hildesheim
verheiratet

Diplom-Pädagoge

mit den Schwerpunkten

Weiterbildung
Organisationsentwicklung
Beratung

Bewerbung in der
IT-Organisation

bei der
DATEV GmbH
Nürnberg

Jürgen Seifert
Hirtenstraße 62
80335 München
Telefon 089 - 4 54 39 10

Jürgen Seifert Hirtenstr. 62 80335 München Tel: 089 - 4 54 39 10

Zu meiner Person:

geboren am 9. 4. 1960 in München
verheiratet, zwei Töchter

Ich bin

kommunikativ/integrativ:
Mein Arbeitsumfeld setzt sich aus Fachleuten unterschiedlicher Bereiche wie Betriebswirtschaftslehre, Informatik und Pädagogik zusammen.

Ich bin

es gewohnt, strategisch und ergebnisorientiert zu handeln.

Bewerbungsunterlagen

als
Verkaufsleiter
bei
Sennheiser electronic GmbH & Co. KG
Wedemark

Stefan Meywald
Paul-Lincke-Ufer 6e
10999 Berlin

Tel.: 030 - 618 75 56
Mobil: 0178 - 622 32 16
E-Mail: stmeywald@aol.com

Geburtsdatum	09. 03. 1969
Geburtsort	Erlangen
Familienstand	verheiratet
Mobilität	ortsungebunden
Nationalität	deutsch

BEWERBUNG

als Produktmanager

Hans-Peter Hohenfels
Dipl. Wirtschaftsingenieur

Hasemannstr. 26
79117 Freiburg
07 61 - 8 18 13 91
hph@yahoo.com

DIPL.-KFM. WALTER OETINGER
SAP- und Immobilienspezialist

Bewerbungsunterlagen

GEWO

Gewerbe- und Wohnbauten
Immobilienvermittlung GmbH
Berlin

DIPL.-KFM. WALTER OETINGER
SAP- und Immobilienspezialist

Adresse:	Hofkamp 41, 42103 Wuppertal
Telefon:	02 02 - 9 34 48 31
E-Mail:	woet@web.de
Geburtsdatum:	7. 8. 1968
Geburtsort:	Erlangen
Familienstand:	verheiratet 2 Söhne ortsungebunden

Frank Krüger
Diplom-Psychologe

Bewerbung als Personalentwickler
Kennziffer 78

BEWERBUNGSUNTERLAGEN

für die

HYPO-VEREINSBANK

Mainz

EDITH MATTHIES
Kronprinzenstraße 66
53145 Bonn

Tel: 02 28 - 29 05 85
E-Mail: ematthies@yahoo.com

geboren am 10. November 1964
ledig

BEWERBUNG

als Berufsberaterin
für Abiturienten und Hochschüler

beim Landesarbeitsamt Bonn

Bewerbung
bei der
Heraeus Kulzer GmbH & Co. KG

Controlling

SANDRA HAUSER
DIPLOM-KAUFFRAU

Steindamm 60
20415 Hamburg

Tel: 040 - 3 17 79 30
E-Mail: sandra.hauser@t-online.de

BEWERBUNG

als

Assistentin der Kaufmännischen Geschäftsleitung

bei der

TIFF

Bewerberin

Martina Seipold

Hunoldsberg 2
86150 Augsburg
Tel. 08 21 - 4 33 29 46

MARIE-LUISE HILSCHER
Dipl. Ing. Architektin

AM VOLKSPARK 56
01099 DRESDEN
Tel.: 0351 - 786

PROFIL

Büro- und Projektleitung in renommierten Architekturbüros
Projektmanagement auf internationaler Ebene
Schwerpunkt Entwurfs- und Ausführungsplanung
Eigene Wettbewerbserfolge

Bewerbung als

Anwendungsberaterin für MIS

bei der

Coco Consulting GmbH

Helga Fuchs

Hauptstraße 147

69120 Heidelberg

Telefon: 0 62 21 - 74 45 13

E-Mail: helfuchs@hotmail.com

ALDA FACIO SCHMIDT

Bewerbungsunterlagen

KEY ACCOUNT
MANAGER
MACHWERK; Heidelberg

ERFAHRUNGSHINTERGRUND

Betreuung von Kunden
im nationalen und internationalen Bereich

Beratung und Projektarbeit

Darstellung der Produkt- und
Produktionsmöglichkeiten

Bearbeitung von Angeboten

Überwachung der Verkaufsziele

ALDA FACIO SCHMIDT

– seguir los pasos –

Persönliches

Geburtstag:	12. 07. 1970
Geburtsort:	Montevideo, Uruguay
Familienstand:	verheiratet
Staatsangehörigkeit:	uruguayisch
Arbeitserlaubnis in Deutschland:	unbeschränkt
Sprachkenntnisse: (verhandlungssicher in Wort und Schrift)	deutsch englisch spanisch
Hobbys:	Südamerikanische Literatur Badminton

BEWERBUNGSUNTERLAGEN
FÜR DIE
MSD Sharp & Dohme GmbH

Dr. Franziska Klein

geboren am 1.10.1964
in Bochum
ledig, ortsungebunden

Rheinstraße 3
55116 Mainz
Tel.: 0 61 31/8 51 42 64

Bewerbung als Pharmaberaterin
für das Gebiet Neue Bundesländer

Anmerkungen zu den Beispielen

Die Beispiele zeigen die unterschiedlichen Gestaltungsmöglichkeiten. Ein Deckblatt beziehungsweise eine »Erste Seite« hat immer die Funktion, den Leser auf die folgenden Seiten »einzustimmen«. Die Vorschläge demonstrieren das Spektrum im Umgang mit den Elementen: Adresse, Foto, persönliche Daten und Anschrift. Sie setzen damit rein optisch bestimmte Schwerpunkte.

Als klassische Variante – zu empfehlen bei konservativen Bewerbungen – kommentieren wir hier das Beispiel von Herrn Jürgen Seifert. Das Deckblatt ist sehr schlicht gestaltet. Es enthält nur die notwendigsten Informationen: Die Position als Überschrift, das Unternehmen sowie Name und Anschrift des Bewerbers. Mit Fettdruck und viel Raum dazwischen wird dem Leser vermittelt, hier hat sich jemand Mühe gegeben, ohne Extravaganzen und »Schnickschnack«.

Eine ausgefallene Erste Seite entwirft Frau Alda Facio Schmidt. Sie bewirbt sich bei einem Start-up-Unternehmen und darf auf innovative, unkonventionelle Leser hoffen. Mit der Gestaltung erzielt sie Aufmerksamkeit – aber nicht mit »billigen Effekten«. Sie informiert den Leser über sich, ihr Berufsziel und ihre Erfahrungen. Den Rat, auf den ersten Blick zu überzeugen, hat sie originell und beispielhaft umgesetzt.

Wir möchten nochmals betonen, dass die Beispiele als Anregungen gedacht sind. Letztendlich müssen Sie die Entscheidung treffen, was für Ihre Bewerbung angemessen ist.

Foto

Ein Foto gehört zu einer vollständigen klassischen Bewerbung. Wie wichtig eine sorgfältige Foto-Auswahl für Ihre Bewerbung ist, wird klar, wenn Sie bedenken, was man in psychologischen Untersuchungen herausgefunden hat. Gut aussehende Menschen werden zumeist auch als intelligent und kompetent eingestuft. Und: Über das Foto verankert sich im Hirn des Personalchefs in Sekundenschnelle ein Bild von Ihnen. Ein Foto prägt also in entscheidender Weise den ersten Eindruck, besonders dann, wenn es »Sympathie auf den ersten Blick« hervorruft. Ob in schwarz/weiß oder in Farbe ist dabei zweitrangig, die Qualität ist entscheidend. Suchen Sie sich deshalb einen fähigen Fotografen – Automatenfotos oder Fotos aus dem Urlaub sind völlig fehl am Platze. Sie vermitteln damit den Eindruck, Sie hätten sich mit Ihrer Bewerbung keine Mühe gegeben.

Verwenden Sie möglichst keine Fotos, die älter als ein Jahr sind. Gerne gesehen wird ein professionelles Passfoto oder ein Portrait-Foto im Format 6 x 4,5 cm. Es darf auch von der Normgröße eines Bewerbungsfotos abweichen. Blicken Sie den Betrachter gut gelaunt und freundlich an.

Bevor Sie zum Fotografen gehen, sollten Sie einen Friseur aufgesucht haben. Denn genauso ordentlich wie die Kleidung muss auch die Frisur sein. Für die Damen ist ein dezentes Make-up empfehlenswert. Und für Schmuck gilt: bloß nicht zu viel des Guten! Nicht mehr als drei Stück, wobei jeder Ohrring einzeln zählt.

Zumeist werden bei einem Fototermin mehrere Fotos gemacht. Nutzen Sie die Gelegenheit, sich in unterschiedlicher Kleidung zu präsentieren und sich für Ihre Abzüge dann das beste Foto auszusuchen. Denn nicht nur Sie, auch Ihre Kleidung wird man auf dem Foto eingehend betrachten. Für männliche Bewerber empfehlen wir grundsätzlich Hemd, Krawatte und Jackett, farblich zusammenpassend. Auch Frauen raten wir zu einer möglichst dezenten und seriösen Kleidung, die dem Berufsimage entspricht. Wenn Sie allerdings jung, dynamisch und locker erscheinen möchten, ist ein lachendes Portrait in T-Shirt und Sakko angebracht.

Die entscheidende Frage lautet: Sehen Sie sich so als künftigen Mitarbeiter? Mit dem Foto sollten Sie signalisieren: Ich gehöre zu Euch. Lernen Sie das Unternehmen, bei dem Sie sich bewerben, und dessen Auftritt kennen. Wenn Sie wissen, wie sich eine Firma nach außen darstellt, wissen Sie auch, welcher Typ von Mitarbeitern gesucht wird. Besondere Bedeutung wird dem Foto beigemessen, wenn Sie sich für eine Außendiensttätigkeit bewerben und/oder eine Repräsentationsfunktion übernehmen wollen. Aber auch für eine Position im Innendienst ist das Foto ein erster Hinweis auf die Persönlichkeit des zukünftigen Mitarbeiters.

Zur Platzierung des Fotos in Ihren Unterlagen: Ins Auge fallen sollte es allemal. In der klassischen Version bringen Sie Ihr Foto mit Fotoecken oder Klebestift rechts oben auf der ersten Seite Ihres Lebenslaufes an. Achten Sie auf genügenden Abstand rundherum, also nicht an den Rand pressen oder ins Eck kleben. Die andere Variante wurde Ihnen bereits vorgestellt: Sie entwerfen eine extra DIN-A4-Seite als Deckblatt oder als Einstiegseite.

Nicht empfehlenswert sind eingescannte Fotos, da die Qualität meist deutlich zu wünschen übrig lässt. Schlecht gescannte Bilder schaden mehr, als dass sie nützen. Wer also keinen Profi-Scanner hat, sollte besser konventionelle Passfotos verwenden.

Unser Tipp:
Die Wirkung des Fotos hängt auch von dem gewählten Bildausschnitt ab. Mit der qualitativ hochwertigen Variante im klassischen Hochformat (Beispiel Christoph Meryn, Marika Nitsche) kann man fast nichts falsch machen. Betrachten Sie jedoch auch die anderen Möglichkeiten:

- das Bild im Querformat (Beispiel Hans-Peter Hohenfels, Maria Tschadow),
- das quadratische Bild (Beispiel Franziska Klein, Helga Fuchs),
- das Oberkörperportrait (Beispiel Marie-Luise Hilscher, Martina Seipold),
- das angeschnittene Portrait (Beispiel Alda Facio Schmidt, Katharina Hamann).

Damit können Sie jeweils »besondere Effekte« erzielen. Ein außergewöhnliches, quadratisches Format macht das Foto zum Blickfänger. Ein Oberkörperportrait setzt die Person in ein Verhältnis zum Raum. Ungewöhnlich und dynamisch wirkt ein angeschnittenes Foto. Hervorgehoben wird damit eine dominierende Gesichtspartie. Insgesamt rückt die Person näher an den Betrachter heran – und Nähe kann Sympathie erzeugen.

Auch der Hintergrund des Fotos trägt zur Wirkung bei. Die meisten professionellen Studios verwenden als Hintergrund verschiedene Stoff- oder Papierrollen. Ein dunkler Hintergrund wirkt strenger als ein heller. Gemusterte oder strukturierte Hintergrundflächen machen das Bild interessanter und ziehen die Aufmerksamkeit des Betrachters an (siehe Helga Fuchs, Maria Tschadow). Diese Effekte können Sie gezielt einsetzen.

Lebenslauf

Grundsätzliches

Um in die nächste Runde des Auswahlverfahrens zu gelangen, muss Ihr Lebenslauf überzeugen – andernfalls wird die Bewerbung gnadenlos aussortiert. Kernstück einer Bewerbung ist deshalb ein aussagekräftiger Lebenslauf, der den Leser über den beruflichen Werdegang und die fachlichen Qualifikationen des Bewerbers informiert. Hinter den Zahlen und offiziellen Daten zeichnet sich dabei das Bild eines Menschen, einer Persönlichkeit für einen möglichen Traumjob ab. Aus den mehr oder weniger wichtigen Daten, aus der Zeiten- und Positionenabfolge werden weit gehende Rückschlüsse über die Eignung eines Bewerbers gezogen. Bei der Konzeption Ihres Lebenslaufes ist deshalb auf Folgendes zu achten:

Anpassungsleistungen

Das Erfolgsgeheimnis ist die maßgeschneiderte Bewerbung. Ihr Lebenslauf muss auf das Anforderungsprofil der neuen Stelle und auf das Unternehmen individuell abgestimmt werden.

Bevor Sie Ihren Lebenslauf ausarbeiten, sammeln Sie Informationen zum Unternehmen. Lassen Sie sich Imagebroschüren, Geschäftsberichte und Info-Broschüren zusenden. Analysieren Sie nicht nur die Stellenanzeige gründlich, sondern auch die Strategie und die Unternehmensphilosophie, die Firmenstruktur, die Personalpolitik, Ihren zukünftigen Arbeitsbereich. Eine hervorragende Informationsquelle stellt auch das Internet dar!

Mit der richtigen Wortwahl rufen Sie Sympathien für Ihre Person hervor. Lernen Sie die »Sprache« und die Schlüsselbegriffe Ihrer Branche und des Unternehmens kennen und verwenden Sie diese gezielt in der Darstellung Ihres Werdeganges. Damit geben Sie zu erkennen, dass Sie die gleiche Sprache sprechen und zu dem Unternehmen passen.

Die so genannten »biografischen Anpassungsleistungen« umfassen dabei alle für die Stelle wichtigen Daten. Klopfen Sie Ihren Berufsweg auf Gemeinsamkeiten mit dem angestrebten Job ab. Die Marketing- und Werbeprofis wissen nur zu gut, wie die Aufmerksamkeit des Lesers mit einer gezielten Schwerpunktsetzung zu lenken ist: Erreicht wird dies durch eine entsprechende Auswahl und Gewichtung der beruflichen Tätigkeiten.

Übersichtlichkeit und Klarheit

Was für die Gestaltung der Mappe gesagt wurde, gilt auch für den Lebenslauf: Eine schlampige äußere Form führt zu Abstrichen bei der Einschätzung des Bewerbers. Personalchefs schätzen Lebensläufe, die klar, vollständig und übersichtlich sind. Alle wichtigen Daten und Argumente, die für Sie als Bewerber sprechen, müssen auf den ersten Blick erkennbar sein. Beschränken Sie sich auf das Wesentliche. Lebensläufe von drei oder mehr Seiten werden meist gar nicht zu Ende gelesen.

Personalchefs achten durchaus auf größere zeitliche Lücken. Entgegen hartnäckiger Gerüchte vom peniblen Personalchef können wir Ihnen allerdings versichern, dass an der minutiösen Auflistung Ihrer Lebensdaten auf den Tag genau kaum ein Mensch Interesse hat. Sollten Sie eine Lücke von einigen wenigen Wochen oder Monaten aufzuweisen haben, dann fällt dies in der Regel nicht weiter ins Gewicht. Wir raten in diesem Fall: Arbeiten Sie mit Jahreszahlen. Sollten Sie größere Lücken in der Berufsbiografie haben, dann sollten Sie diese erklären. Für Zeiten der Arbeitslosigkeit beispielsweise empfiehlt sich der Nachweis einer Fortbildung.

Kleinere Lücken können Sie überspielen, indem Sie Ihren Lebenslauf thematisch nach Überschriften gliedern. Die chronologische Abfolge tritt dabei in den Hintergrund, da es innerhalb der einzelnen Blöcke ohnehin keine lückenlose Aufzählung gibt.

Selbstverständlich werden Ihre Bewerbungsunterlagen auf Widersprüche oder Fehler geprüft werden. Entdeckt der Personalchef in Ihren Unterlagen Unstimmigkeiten, wird er wahrscheinlich misstrauisch und Ihre Bewerbung landet auf dem Stapel der Absagen. Achten Sie insbesondere darauf, dass Ihre Daten im Lebenslauf mit den Daten in den Zeugnissen übereinstimmen.

Der rote Faden

Wichtig ist der rote Faden in Ihrem Lebenslauf und die Stringenz. Es sollte erkennbar sein, dass es in Ihrem beruflichen Werdegang eine bestimmte Richtung gibt, die Sie konsequent weiterverfolgen. Kurzum: Ihr Lebenslauf sollte halbwegs logisch geordnet sein und ein bestimmtes Muster erkennen lassen.

An der Stringenz eines Lebenslaufes lässt sich noch im Nachhinein, bei der Konzeption, arbeiten. Stellen Sie einfach alle bisherigen Tätigkeiten, Studienschwerpunkte oder Weiterbildungen in den Vordergrund, die in die gewünschte Richtung weisen. Andere Berufserfahrungen können unberücksichtigt bleiben oder unter Sammelbegriffen zusammengefasst werden. So vermitteln Sie den Eindruck einer zielstrebigen Lebensplanung.

Worauf es ankommt

- Der Inhalt sollte kurz und prägnant formuliert werden.
- Heben Sie Besonderheiten Ihres Werdegangs optisch hervor.
- Selektion ist das Erfolgsgeheimnis einer Bewerbung.

- Details zum jeweiligen Aufgabengebiet (Schwerpunkte, Kompetenzen, Verantwortungsumfang) sind wichtig.
- Betonen Sie diejenigen Fähigkeiten, die in Zusammenhang mit der zukünftigen Stelle stehen.
- Ihre Angaben im Lebenslauf müssen sich mit den übrigen Unterlagen decken.
- Erklären Sie eventuelle Lücken im Lebenslauf (Babypause, Krankheit, etc.).

Varianten des Lebenslaufes

Grundsätzlich gibt es zwei Möglichkeiten, Ihren Lebenslauf zu gestalten: die chronologische Variante oder die nach Überschriften sortierte Variante. Besonderheiten des englischsprachigen Lebenslaufes stellen wir Ihnen im Anschluss vor.

Unter Chronologie versteht man die zeitliche Abfolge der einzelnen Berufsstationen. Allgemeiner Standard ist der chronologische Lebenslauf in tabellarischer Form, der einen stichwortartigen Überblick über den beruflichen Werdegang bietet. Alle wichtigen Stationen Ihres Berufsweges sollten auf einen Blick erkennbar sein. Achten Sie auf die richtige Reihenfolge der Auflistung und darauf, dass es keine zeitlichen Überschneidungen gibt, die zu Nachfragen anregen.

Der chronologisch geordnete Lebenslauf

Diese traditionelle Form wird von den meisten Bewerbern bevorzugt und unterstützt ein lineares Denken. Sie liefert dem Leser ein klares und überschaubares Bild von der Job-Karriere. Betont wird die stetige Entwicklung über einen gewissen Zeitraum, wobei die jeweiligen Tätigkeiten entsprechend ausgewählt und skizziert werden.

Vorteilhaft für:

- Bewerber, die bereits in ähnlichem Bereich tätig sind,
- Bewerber mit einer stetigen Berufsbiografie ohne Lücken,
- Bewerber, deren Karriere sich logisch auf die angestrebte Stelle hin entwickelt hat,
- Bewerbung bei traditionellen, konservativen Unternehmen.

Es werden zwei Formen der chronologischen Variante unterschieden: der klassische Lebenslauf und die internationale Bewerbung.

Der klassische Lebenslauf

In der klassischen Variante werden die Daten der Zeitfolge nach aufgereiht, beginnend mit der Schulbildung, es folgt die Ausbildung, der Studienabschluss, dann die Berufserfahrung bis zur aktuellen Berufstätigkeit.

Die traditionelle chronologische Variante des Lebenslaufes ist dann zu empfehlen, wenn Ihr Werdegang in sehr geordneten, stringenten Bahnen verlief. Sie können damit eine kontinuierliche Entwicklung von der Vergangenheit bis zur Gegenwart am besten demonstrieren.

Der internationale Lebenslauf

Immer beliebter wird die internationale Version des chronologischen Lebenslaufes. Hier wird die Chronologie umgedreht: Es wird mit der Beschreibung der aktuellen Tätigkeit begonnen und dann zeitlich rückwärts die Berufserfahrung aufgelistet und mit der Schulbildung geendet.

In der internationalen Variante des Lebenslaufes steht die derzeitige Tätigkeit an erster Stelle und damit im Vordergrund. Diese Version kann bei Arbeitssuchenden mit relevanter Berufserfahrung von Vorteil sein. Beschreiben Sie die aktuelle Tätigkeit ausführlich, da sie den interessantesten Teil der beruflichen Biografie darstellt.

Lebenslauf nach Überschriften

Eine Variante besteht darin, den beruflichen Werdegang nach Themenfeldern und Überschriften zu sortieren. Diese Form der Gliederung bietet dem Arbeitgeber einen einfachen und raschen Überblick.

Sie ist insbesondere zu empfehlen, wenn Sie vorwiegend projektbezogen gearbeitet haben. Darüber hinaus haben Sie mehr Freiheiten in der Gestaltung, um die Aufmerksamkeit des Lesers in die gewünschte Richtung zu lenken. Diese Form sollten Sie wählen, wenn Sie einen soliden Hintergrund und spezielle Erfolge und Talente hervorheben möchten. Kleine Ungereimtheiten und Lücken im Lebenslauf fallen so eher unter den Tisch. Innerhalb der von Ihnen gewählten Überschriften müssen Sie sich wiederum zwischen einer chronologisch vorwärts oder rückwärts laufenden Darstellung entscheiden. Die einmal getroffene Wahl sollten Sie dann allerdings im gesamten Lebenslauf durchhalten.

Sie können Ihren Lebenslauf nach Überschriften mit der Nennung des Berufszieles und einem kurzen Qualifikationsprofil beginnen. Dann beschreiben Sie nach thematischen Blöcken geordnet Ihre Berufserfahrungen. In der Wahl der Überschriften haben Sie viele Möglichkeiten. Sie können Posten zusammenfassen oder in Einzelteile aufteilen. Es hängt ganz von Ihrer Kreativität, Ihrem Lebenslauf und der Stelle ab, für die Sie sich bewerben. Heben Sie Ihre Spezialkenntnisse hervor, und nennen Sie schließlich plausible Gründe, warum Sie den neuen Job unbedingt haben wollen. Daten über die Schulausbildung und persönliche Daten, wie Familienstand, sind bei internationalen Bewerbungen nicht unbedingt erforderlich.

Englischsprachiges Curriculum Vitae

Im britischen Englisch wird der Lebenslauf Curriculum Vitae, im amerikanischen Englisch Résumé genannt. Er folgt einer eigenen Dramaturgie:

- *Personal Details*
  Auch im englischsprachigen CV werden persönliche Daten angeführt. Um mögliche Diskriminierungen zu verhindern, sind hiervon ausgenommen: Angaben zu Alter, Geburtsdatum, Geburtsort, Eltern, Familienstand, Staatsangehörigkeit und Religion. Auch ein Bewerbungsfoto ist unüblich.
- *Career Objective*
  Bei amerikanischen und britischen Bewerbungen steht an oberster Stelle im Lebenslauf das berufliche Ziel des Bewerbers.
- *Personal Profile*
  Sie können hier in wenigen Sätzen Ihre wichtigsten Qualifikationen und Berufserfahrungen zusammenfassen und auf Ihre Vorzüge aufmerksam machen.
- *Professional Experience oder Employment History*
  Beschreiben Sie Ihre beruflichen Tätigkeiten mit Angaben über Zeiten, Arbeitgeber und Orte. Benennen Sie Ihre Erfolge und Verantwortungsbereiche. In englischen Bewerbungen zählen konkrete Hinweise auf berufliche Ergebnisse, wie Entwicklung einer neuen Marketingstrategie, Erhöhung des Umsatzes, Einführung eines Wissensmanagement-Systems oder Ähnliches.
- *Education and Qualifications*
  Zählen Sie Ihre Ausbildungsstationen mit dazugehörigen Namen der Schulen, Universitäten und Institutionen, der Orte, den Daten und den erreichten Abschlüssen und Titeln auf. Bei langjähriger Berufserfahrung oder bei Führungskräften kann

dieser Punkt kürzer ausfallen. Schul- oder Universitätsabgänger sollten Ihre Ausbildungsdaten und -inhalte ausführlicher darstellen, mit Schwerpunkten und Thema der Examensarbeit oder Promotion.

- *Additional Skills*
  An dieser Stelle werden zusätzliche Qualifikationen angeführt, wie
  - Languages (Sprachen) und
  - Computer Skills (EDV).
- *Personal Interests*
  Die Nennung von Hobbys ist in englischen CVs eher unüblich und sollte nur dann erfolgen, wenn sie Sie als Bewerber für die Stelle interessant machen.
- *Publications*
  Haben Sie – insbesondere in akademischen Berufen – Aufsätze oder Bücher veröffentlicht, dann werden diese unter der obigen Überschrift genannt.
- *Referees (GB)/References (USA)*
  Englische Bewerbungsunterlagen unterscheiden sich in einem weiteren Punkt deutlich von deutschen Bewerbungen: Es werden in der Regel keine Zeugnisse beigefügt, stattdessen jedoch Referenzen genannt. Da es im englischen Sprachraum gängige Praxis ist, die Referenzgeber tatsächlich zu kontaktieren, sollten diese unbedingt vor der Auflistung darüber informiert werden.

Unser Tipp:

Überlegen Sie sich genau, welche Form der Lebenslaufgestaltung für Sie am vorteilhaftesten ist. Machen Sie die Entscheidung davon abhängig, mit welcher Version Sie Ihre Qualifikationen für den jeweiligen Job am besten in den Vordergrund rücken können.

Inhalt eines Lebenslaufes

Ihr Lebenslauf muss Folgendes enthalten, wobei Sie durchaus eigene Überschriften finden und die Informationen individuell gliedern und aufteilen können:

- *Persönliche Daten*
  - Vor- und Nachname
  - Anschrift
  - Geburtsdatum und -ort
  - Familienstand
  - Bei Ausländern: Staatsangehörigkeit

  Freiwillige Angaben
  - Religion (wenn Sie sich bei kirchlich gebundenen Institutionen bewerben)
  - Eltern (bei jungen Bewerbern)
  - Zahl und Alter der Kinder
- *Schulbildung*
  - Zeitangaben
  - Schultyp und -ort
  - Schulabschluss

  Freiwillige Angaben
  - Abschlussnote

  Anmerkungen
  - Junge Bewerber, die gerade die Schule verlassen haben, sollten ihre Noten im Lebenslauf nennen. Bei langjähriger Berufserfahrung wirkt die Abiturnote eher kleinkariert.
  - Wenn Sie sich für höhere Positionen bewerben, können Sie die Grundschuljahre vernachlässigen.
- *Berufsausbildung*
  - Ausbildungsdauer
  - Art der Berufsausbildung

- Ausbildungsstätte
- Abschluss

▸ *Studium*
- Zeitangabe
- Studienrichtung
- Hochschule
- Studienschwerpunkte
- Thema der Diplomarbeit und/oder der Dissertation
- Abschluss

Freiwillige Angaben
- Abschlussnote

▸ *Berufserfahrungen*
- Zeitangabe
- Berufsbezeichnung/Position
- Arbeitgeber und Ort
- Aufgabenbereich: drei bis fünf Aufgaben stichwortartig benennen, immer unter dem Aspekt, was für die zukünftige Stelle interessant ist (oder Erstellung eines gesonderten Qualifikationsprofils)

Wichtig
- Dokumentieren Sie Ihre Berufsstationen lückenlos!

▸ *Zusatzqualifikation/Weiterbildung* (Geben Sie nur Kurse/Seminare/Workshops an, die für die neue Stelle bedeutsam sind.)
- Dauer
- Art des Kurses
- Veranstalter
- Titel/Inhalte

Wichtig
- Führen Sie auf jeden Fall längere Zusatzausbildungen an!

▸ *Besondere Kenntnisse*
- Fremdsprachen einschließlich Grad der Beherrschung
- EDV-Kenntnisse

- *Sonstiges*
  - Führerschein
  - Auslandsaufenthalte
  - bei Männern: Wehr- oder Ersatzdienst (damit der Lebenslauf lückenlos ist)
  - Familienphase
  - Hobbys/Ehrenamt

Bei der ausführlichen Darstellung der einzelnen Punkte sollten Sie beachten:

Schwerpunkte

Soll Ihre Bewerbung Erfolg haben, muss der Lebenslauf individuell ausgearbeitet werden, entsprechend den Anforderungen des potenziellen Arbeitgebers.

Für die Schwerpunktsetzung ergeben sich unterschiedliche Möglichkeiten.

Die einfachste Form besteht darin, Ihren Lebenslauf nach den üblichen Bezeichnungen zu gliedern: Zur Person, Schule, Ausbildung, Studium, Praktika, Berufspraxis, Weiterbildung, Sonstige Kenntnisse, Interessen etc.

Innerhalb der einzelnen Überschriften haben Sie wiederum weitere Gestaltungsmöglichkeiten. Sie können Berufserfahrungen, Praktika, Ausbildungen entsprechend den Anforderungen mehr oder weniger detailliert ausformulieren – oder eben nicht. Denn je nach Schwerpunktsetzung konzentriert sich der Leser auf den einen oder anderen Bereich.

Sie können dem Unternehmen auch Ihre Wünsche und Berufsziele verdeutlichen, indem Sie diese mittels Schwerpunktsetzung geschickt im Lebenslauf verpacken. Wichtige Stationen Ihres Lebenslaufes dürfen Sie allerdings nicht verschweigen, wichtig ist vielmehr die richtige Betonung.

Zeitraumangaben

Zu den einzelnen Berufsstationen gehören Monats- beziehungsweise Jahresangaben. Die Art der Zeitangabe sollten Sie dann durchgängig beibehalten. Wichtig ist vor allem, dass ein Überblick über den beruflichen Werdegang gewährleistet wird. Schließlich müssen Sie ja nicht den Personalchef auf kleine zeitliche Lücken aufmerksam machen. Wenn Sie nur die Jahreszahlen angeben, kann es aber sein, dass der Personalverantwortliche misstrauisch wird und vermutet, Sie haben hier eine größere zeitliche Lücke zu verbergen.

Beschreibung der Tätigkeit

Die mit der jeweiligen Tätigkeit verbundenen Aufgaben und der fachliche Hintergrund sollten mit einigen wenigen Stichworten beschrieben werden. Nennen Sie diejenigen Erfahrungen und Fähigkeiten, die in Bezug zur ausgeschriebenen Stelle stehen. Eine andere Möglichkeit besteht darin, den Lebenslauf an dieser Stelle ganz knapp zu halten und weitere Informationen in ein gesondertes Qualifikationsprofil zu packen (siehe Seite 231ff.).

Sprachen/EDV

Ihre Sprachkenntnisse sollten Sie bewerten mit: sehr gut, verhandlungssicher, konversationssicher, Grundkenntnisse. Bestandene Sprachprüfungen sollten unbedingt genannt werden.

Wählen Sie die Betriebssysteme, Anwendungsprogramme und Programmiersprachen, die Sie beherrschen, sorgfältig aus. Es macht wenig Sinn, überholte EDV-Kenntnisse, für die sich heute niemand mehr interessiert, anzuführen.

Weiterbildung

Nicht jedes Detail ist interessant. Es empfiehlt sich eine kleine Selektion von fünf Seminaren mit aktuellen Inhalten und Themen. Längere Zusatzausbildungen sollten Sie auf jeden Fall anführen. Falls Sie eine umfangreiche Liste an Fortbildungen vorzuweisen haben, ist eventuell eine gesonderte Seite angebracht.

Hobbys/Ehrenamt

Hier haben Sie Gelegenheit, bestimmte Aspekte Ihrer Persönlichkeit darzustellen. Nutzen Sie die Chance, etwas wirklich Individuelles von sich zu erzählen. Sagen Sie konkret, was für Musik Sie interessiert, was Sie am liebsten lesen etc. Bunte Vielfalt und Individualität sind interessant! Gerade bei Berufsanfängern ist das Hobby/Ehrenamt wichtig. Dabei sollten Sie sich aber immer vor Augen führen, welches Bild diese Informationen von Ihnen vermitteln und sich fragen, ob diese Aktivitäten zu der Stelle passen:

- Gesellschaftliches oder ehrenamtliches Engagement in Vereinen (damit beweisen Sie Einsatz und soziale Kompetenz),
- Mannschaftssportarten (belegen soziale Kompetenz und Teamfähigkeit),
- Museum und Ausstellungen (Sie sind kulturell bewandert),
- Lesen und Rad fahren (damit sagen Sie eher wenig aus),
- Englische Kriminalromane und Mountainbiking (damit teilen Sie eher mehr von sich mit).

Familienphase

Informieren Sie sich über den Arbeitgeber und die Firmenpolitik. Eine Familienphase sollten Sie im Lebenslauf in zwei Fällen unbedingt angeben:

- Wenn Sie es für vorteilhaft halten, wie beispielsweise in psychosozialen Berufen oder in Betreuungseinrichtungen.
- Wenn Ihr Lebenslauf durch die Pause eine große Lücke auf-

zuweisen hat. In diesem Fall ordnen Sie Ihre Familienphase unter die Rubrik »Berufstätigkeit«. Machen Sie deutlich, dass Sie in dieser Zeit wertvolle praktische Erfahrungen und Kompetenzen gesammelt haben.

Aus der Konkretisierung einer Familienphase muss allerdings eine berufliche Zielstrebigkeit des Bewerbers beziehungsweise der Bewerberin deutlich erkennbar sein, damit eine Familienphase nicht lediglich als eine »berufliche Pause« abqualifiziert werden kann.

Sollten Sie nur einige Monate zu Hause verbracht haben und zur Überzeugung gelangen, dass der Arbeitgeber davon nichts wissen sollte, raten wir zur Strategie der unauffälligen Vertuschung. Es bietet sich hierfür im Lebenslauf die Gliederung nach Themengebieten an. Vielleicht haben Sie ja durch Honorartätigkeit ein bisschen Geld dazuverdient? Im Lebenslauf könnte das heißen: »freie Mitarbeit für die Firma ...«.

Schlüsselwörter

Unter Schlüsselwörtern versteht man meistens Substantive oder kurze Sätze, die Ausbildungen, Erfahrungen und Kenntnisse benennen, die für die Stelle besonders wichtig sind. Unterstreichen Sie Schlüsselwörter und Formulierungen in einer Stellenanzeige oder in der Firmenbroschüre, die für das Firmenimage wichtig sind. Prägen Sie sich diese Worte ein, und lernen Sie, in der Sprache des Unternehmens zu sprechen.

Wenn Sie die Schlüsselwörter der jeweiligen Branche kennen, sollten Sie die entsprechenden Begriffe in Ihren Lebenslauf aufnehmen. Sie geben damit zu erkennen: »Ich spreche die gleiche Sprache, also gehöre ich zu euch.« Bei einer Bewerbung im Bereich Unternehmensberatung/Consulting sind beispielsweise folgende Schlagwörter gefragt:

- Ergebnisorientierung
- Prozessoptimierung
- Projekterfahrung
- Effizienzverbesserung

Wählen Sie sorgfältig und durchdacht entsprechende Schlüsselwörter aus und belegen Sie diese Kompetenzen stichpunktartig mit konkreten Daten aus Ihrem beruflichen Werdegang. Sie erhöhen damit beträchtlich die Chance, zu einem Vorstellungsgespräch eingeladen zu werden.

Wichtig: adressatengerechter Lebenslauf
Serienbewerbungen auf Stellenanzeigen haben kaum eine Chance. Auf eine konkrete Stellenanzeige wird eine konkrete Antwort erwartet, in der Sie alle Informationen über Ihre Ausbildung, Ihre Kenntnisse und Erfahrungen, die für die zu besetzende Stelle von Interesse sind, liefern. Einen adressatengerechten Lebenslauf erkennen die Verantwortlichen vor allem an zwei Dingen:

- Der Kandidat geht im Lebenslauf auf die Anforderungen und Wünsche des Unternehmens ein.
- Der Bewerber stellt seine Berufserfahrung im Lebenslauf aussagekräftig dar.

Tipps für ungewöhnliche Lebensläufe

Patchwork-Karrieren
Ihre Berufsbiografie entspricht nicht dem, was man unter einer kontinuierlichen beruflichen Entwicklung versteht? Was machen Sie nun, wenn Sie mit der Aufgabe konfrontiert sind, einen sehr ungewöhnlichen Berufsweg in einer Bewerbung darzustel-

len? Vielleicht haben Sie das Studium abgebrochen, sind ein Jahr durch die Welt gereist, haben Deutsch in Japan unterrichtet, Segelunterricht auf den Azoren erteilt, auf einer Farm in Australien gearbeitet und wollen nun als Marketing-Assistent bei einem Unternehmen einsteigen? In solchen Fällen können Sie Ihrem zukünftigen Arbeitgeber die Vorteile gleich offen darlegen. Sprechen Sie Ihren ungewöhnlichen Berufsweg im Anschreiben kurz an, und machen Sie verständlich, was Sie dazu bewogen hat. Stellen Sie sich als aktive Persönlichkeit dar. Heben Sie diejenigen Aspekte Ihrer unterschiedlichen Tätigkeiten hervor, die für die zukünftige Stelle vorteilhaft sind. Betonen Sie, dass Sie nunmehr eine dauerhafte Anstellung anstreben und sich innerhalb eines Unternehmens weiterentwickeln möchten. Wenn dies nicht der Fall sein sollte, suchen Sie sich lieber gleich eine befristete Anstellung – Sie ersparen sich und Ihren Kollegen eine Menge Unannehmlichkeiten.

Wenn Ihre Berufsbiografie einem Patchwork der verschiedensten Berufe und Tätigkeiten gleicht und Sie damit einen Personalentscheider höchstwahrscheinlich beunruhigen werden, dann sprechen Sie dies geradeheraus an und nennen Sie plausible Gründe dafür. Doch bleiben Sie bei der Wahrheit – Lügen kommen früher oder später ans Tageslicht. Es gibt sogar Firmen, bei denen Sie mit einem ungewöhnlich bunten Lebenslauf Pluspunkte sammeln können. Durchaus denkbar ist, dass Sie mit einer einjährigen Weltreise im Lebenslauf bei Touristik-Unternehmen auf offene Ohren stoßen werden. Zumindest heben Sie sich dadurch von Ihren Mitbewerbern ab. Personalverantwortliche sind auch nur Menschen – mit persönlichen Vorlieben. Vieles passiert aus dem Bauch heraus, und – wenn Sie an die richtige Stelle gelangen – zu Ihrem Vorteil.

Lücken

Sie haben eine Lücke von mehreren Monaten in Ihrem Lebenslauf? Vielleicht sind Sie zwischen zwei Arbeitsstellen ein halbes Jahr arbeitslos gewesen? Wenn einige nicht belegbare Monate zwischen zwei Arbeitsstellen liegen, führt das allein meist noch nicht zur Disqualifizierung. Im Lebenslauf möchte der Personalverantwortliche sehen, welchen Berufsweg der Kandidat hinter sich hat. Wichtig in Ihrem Lebenslauf ist vor allem die Stringenz und der rote Faden. Eine Lücke im Lebenslauf ist nicht weiter schlimm, insofern Sie dazu stehen und eine Erklärung dafür abgeben können. Wenn Sie zum Beispiel ein halbes Jahr durch Amerika gereist sind, beweist dies Ihren Unternehmungsgeist, Ihr Interesse an anderen Ländern. Darüber hinaus haben Sie Englisch gelernt.

Problematisch wird es, wenn Sie eine Lücke nicht erklären können. Es könnte da auch der Verdacht aufkommen, Sie waren ernsthaft krank, Monate inhaftiert oder Ähnliches. Was machen Sie also, wenn Sie mehrere Monate arbeitslos waren? Teilen Sie dies mit, und berichten Sie darüber, wie Sie die Zeit ausgefüllt haben. Sie haben sich beim Arbeitsamt um eine Fortbildung bemüht? Sie haben Volkshochschulkurse besucht und sich auch noch anderweitig weitergebildet? Sie haben die Freizeit positiv genutzt? Ungeschickt ist es allerdings, wenn Sie offen eingestehen, Sie wollten erst mal ein halbes Jahr vom Arbeitslosengeld leben und nichts tun. Berichten Sie von Ihren Bemühungen in dieser Orientierungsphase. Aktivitäten und Fortbildungen werden immer gerne gesehen! Zeigen Sie, dass Sie sich damals tatkräftig mit Ihrer Situation auseinander gesetzt haben.

Job-Hopping

Bewerber mit einem unsteten, sprunghaften Lebenslauf können im Allgemeinen nicht mit dem Wohlwollen der Personalverantwortlichen rechnen. Die einzige Ausnahme stellt Projektarbeit dar, als eine von vornherein zeitlich befristete Beschäftigung. In der Regel befürchtet man allerdings, dass Sie nicht lange im Unternehmen bleiben werden. Klären Sie zunächst einmal für sich selbst die Gründe für den häufigen Firmenwechsel. Es mag durchaus Gründe geben, die außerhalb Ihres Einflussbereiches liegen, man denke etwa an die Schließung von Unternehmen oder die Entlassung von Personal aus finanziellen Gründen. Haben Sie jedoch aus persönlichem Antrieb gehandelt, was war die Ursache? Zwischenmenschliche Konflikte? Mobbing? Ärger mit den Vorgesetzten? Wenn Sie in Ihrem Verhalten ein häufig wiederkehrendes Muster erkennen können, sollten Sie vielleicht den Rat von Fachleuten in Anspruch nehmen. Andernfalls laufen Sie Gefahr, das Problem auch in den nächsten Job mitzunehmen.

Andere Motive für einen häufigen Jobwechsel könnten sein: Sie wollten Ihre Karriere voranbringen, sich finanziell verbessern, Sie wollten mehr Herausforderung und Verantwortung übernehmen, Sie langweilen sich bei Routinearbeit. In jedem Fall wird von Ihnen eine Erklärung für das Job-Hopping erwartet. Liefern Sie diese, und machen Sie deutlich, was Sie brauchen, um längerfristig von einer Aufgabe herausgefordert zu sein. Wie sollte das Unternehmen beschaffen sein, an das Sie sich binden können?

Häufiger Arbeitsplatzwechsel in kurzen Zeitabständen wird von Personalchefs negativ beurteilt, da man davon ausgeht, dass ein Bewerber dies auch in Zukunft tun wird. Bei der Beurteilung spielt allerdings das Alter und die Branche eine Rolle: Bei jungen Bewerbern dient ein Arbeitsplatzwechsel dazu, Erfahrungen zu sammeln. In sich rasch wandelnden technologischen Bereichen sowie bei Projektarbeit kann ein häufiger Arbeitsplatzwechsel sogar auf Flexibilität und Lernbereitschaft hinweisen.

Das Wichtigste zum ungewöhnlichen Lebenslauf

- Überzeugend ist der Kandidat, der zu seinem Lebenslauf steht!
- Präsentieren Sie die Wahrheit!
- Bringen Sie plausible Gründe vor!
- Sprechen Sie problematische Punkte im Lebenslauf offen an und erklären Sie diese!
- Stellen Sie sich als aktiven Menschen dar!

Checkliste Lebenslauf

- Formulieren Sie den Inhalt kurz und prägnant.
- Lassen Sie einen roten Faden in Ihrer Berufsbiografie erkennen, die in direktem Bezug zu der ausgeschriebenen Position steht.
- Heben Sie die Besonderheiten des Werdegangs optisch hervor.
- Selektion ist das Erfolgsgeheimnis einer Bewerbung.
- Details zum jeweiligen Aufgabengebiet (Schwerpunkte, Kompetenzen, Verantwortungsumfang) sind wichtig.
- Betonen Sie diejenigen Fähigkeiten, die in Zusammenhang mit der zukünftigen Stelle stehen.
- Ihre Angaben im Lebenslauf müssen sich mit den übrigen Unterlagen decken.
- Erklären Sie eventuelle Lücken im Lebenslauf (Familienphase, Krankheit etc.).

In Vorbereitung: EU-Norm für den Lebenslauf

Zur Zeit arbeitet die Europäische Kommission an einheitlichen, EU-weit geltenden Richtlinien für den Aufbau und Inhalt von Lebensläufen. Es soll zukünftig ein einheitliches Format geben, um Arbeitssuchenden in Europa die Bewerbung im In- und Ausland zu erleichtern. Mit der Vereinheitlichung sollen Barrieren überwunden werden, die mit den unterschiedlichen nationalen und institutionellen Herangehensweisen zusammenhängen.

Wie sehen Lebensläufe nach EU-Norm aus? Ein Lebenslauf nach EU-Norm beinhaltet: Name, Adresse, Nationalität, Geburtsdatum und Sprachkenntnisse. Die bedeutsamste Änderung besagt: Kein Bewerbungsfoto mehr! Der EU-Lebenslauf beginnt mit der Berufspraxis wie ein internationaler Lebenslauf, wobei die neuesten Daten oben an erster Stelle und ältere Erfahrungen in zeitlich absteigender Reihenfolge darunter stehen. Dann werden die Ausbildungen aufgelistet.

Die Anwendung der EU-Richtlinien bleibt jedoch freiwillig, weshalb Sie sich nicht sklavisch daran halten müssen. Geplant ist außerdem eine elektronische Datenbank für Arbeitssuchende auf nationaler und europäischer Ebene, in der Job-Bewerber ihren EU-Lebenslauf eingeben können.

Sonderform: Folder

Nicht immer ist es ratsam, gleich die ganze Fülle an Bewerbungsunterlagen zu verschicken – dann nämlich, wenn es noch nicht um die vollständige Präsentation Ihrer Person geht. Es gibt Situationen, wo es angebracht ist, zunächst nur erstes Interesse für Ihre Person zu wecken. Das kann zum Beispiel dann der Fall sein, wenn Arbeitgeber und Arbeitsuchende die unverbindliche

Gelegenheit haben, einander zu beschnuppern. Wir denken hier in erster Linie an Informations- und Recruiting-Veranstaltungen und an Messen. Aber auch an die Möglichkeit, dass Sie freiberuflich tätig sind und einen ersten Kontakt zu einem potenziellen Auftraggeber herstellen wollen.

Für diese und ähnliche Fälle raten wir zu einer sehr gekürzten Form der Bewerbungsunterlagen: einem ansprechend gestalteten Folder, der neugierig auf ein weiteres Kennenlernen macht. Mit wenigen Sätzen – die natürlich besonders gut überlegt sein müssen – betreiben Sie hier Werbung in eigener Sache und hinterlassen ein Bild und eine Kontaktadresse bei Ihrem Ansprechpartner. Daran können Sie dann in späteren Telefonaten und Anschreiben anknüpfen.

Darüber hinaus bietet ein Folder den Vorteil, dass er sozusagen universell gestaltet werden kann und nicht wie die Bewerbungsmappe auf jedes einzelne Unternehmen zugeschnitten werden muss. Mit einem Folder haben Sie einen Werbeprospekt zur Hand, wann immer sich die Chance auf eine Stelle oder einen Arbeitsauftrag ergibt. Wie gesagt, ein Folder ist vor allem die Anbahnung eines Kontaktes, quasi eine Einleitung zu allem Weiteren – er ist kein Ersatz für eine Komplett-Bewerbung.

Mit Ihrem PC und dem Word-Programm können Sie einen Folder selbst herstellen. Das geht folgendermaßen: Gehen Sie in der Menü-Leiste auf Datei, dann »Seite einrichten« und klicken Sie auf »Papierformat«, dann auf »Querformat«. Hier richten Sie drei Spalten ein und Ihrem kreativen Entwurf steht nichts mehr im Wege. Eine Kleinigkeit noch: Ein Folder wird beidseitig bedruckt, Sie müssen also zuerst den Außenteil drucken und dann das Papier umdrehen, um Ihr Werk zu vollenden.

Die gestalterischen Möglichkeiten bleiben Ihnen überlassen. Beachten sollten Sie allerdings, dass Sie mit wenig Text auskommen müssen. Und das ist die eigentliche Herausforderung: die

Essentials herauszuarbeiten und Ihr Angebot auf den Punkt zu bringen. Letztendlich zählt die Qualität und nicht die Quantität an verschickten Foldern! Es geht darum, Aufmerksamkeit, Interesse und Neugier zu wecken!

Beispiel für einen Folder

Wir stellen Ihnen einen Folder von Katharina Hamann als Beispiel vor.

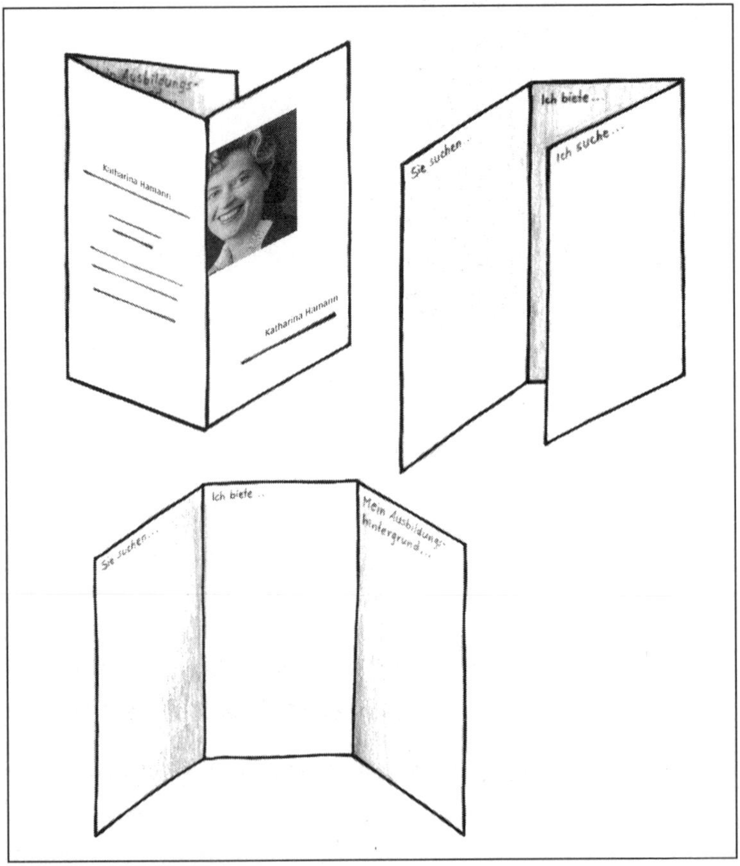

Erste Seite (zugeklappt)

Katharina Hamann

Consultant für internationale Kunst-Projekte

Zweite und dritte Seite (aufgeklappt)

SIE SUCHEN ...

Fachkompetenz in

Consulting
Konzeption
Projekt-Management

international erprobtes
Engagement

innovatives Denken

Organisationstalent

das gewisse Etwas

**DANN SOLLTEN
WIR UNS KENNEN
LERNEN ...**

ICH SUCHE ...

Freiberufliche Mitarbeit
in den Bereichen

»Kulturconsulting« und
»Neue Medien«

- Planung, Durchführung und Betreuung von internationalen Kulturprojekten
- Entwicklung neuer Kommunikationsstrukturen Online und Offline
- Marktanalysen, Produktpositionierung und Realisationsplanung

Innenansicht (vollständig aufgeklappt)

SIE SUCHEN …

Fachkompetenz in

Consulting
Konzeption
Projekt-Management

international erprobtes Engagement

innovatives Denken

Organisationstalent

das gewisse Etwas

DANN SOLLTEN WIR UNS KENNEN LERNEN …

ICH BIETE …

Berufserfahrungen in folgenden Bereichen:

- Consultant für internationale Kunst-Projekte
- New Media Manager für Ground Control, einem Hamburger Label
- Projekt-Koordination »Japan in Berlin« beim Japanisch-Deutschen Zentrum, Berlin
- Produktionsassistenz bei der Bregenzer Festspiele GmbH, Bregenz
- Administrative Assistenz für die Stiftung Preußischer Kulturbesitz, Berlin

Auslandserfahrungen:

in den USA, Großbritannien, Frankreich, Österreich, Japan

MEIN AUSBILDUNGSHINTERGRUND:

Masters Degree in Business Administration (MBA),
Ford Management College, Pittsburgh, USA
Schwerpunkte:
Strategisches Marketing für Kulturorganisationen
Business Transformation
Management von Informationssystemen

Lehramtsstudium an der Universität Konstanz
Studienfächer: Deutsch, Englisch, Kunst

Sprachkenntnisse:
Englisch - verhandlungssicher
Französisch - sehr gut in Wort und Schrift

EDV:
MS-Office-Anwendungen
Gestaltung von Internetseiten

Rückseite (zugeklappt)

Katharina Hamann

Consultant für internationale Kunst-Projekte

Hähnelstraße 5
16121 Berlin

Fon/Fax: (030) 8 52 23 81
E-Mail: kaha@talk21.com

www.hamann-projects.de

Interpretation

Für einen Consultant für internationale Kunst-Projekte darf der Folder etwas ausgefallener sein. Katharina Hamann präsentiert sich auf der ersten Seite mit einem angeschnittenen Portrait als Blickfänger. Der Betrachter gewinnt einen ersten Eindruck von der Person, mit der er es als Auftraggeber zu tun bekommt.

Der Text wurde auf das Wesentliche reduziert und sehr übersichtlich gehalten. Innovatives Denken und das gewisse Etwas werden nicht bloß behauptet. Der Folder stellt eine erste Arbeitsprobe dar. Zu beachten ist die Dramaturgie in der Selbstdarstellung. Diese ist genau überlegt und baut auf den Blickfolgen des Benutzers auf. Schrittweise wird der Leser über die Stufen geleitet: Sie suchen – ich suche – ich biete. Ergänzt werden die Informationen, auf der dritten Innenseite, um den Ausbildungshintergrund der Kandidatin.

Beispiele für Lebensläufe

Wolfgang Reschke • Hechinger Str. 70 • 72072 Tübingen • (07071) - 28 77 05

CURRICULUM VITAE

Carrer objective: A challenging position as project manager

Professional Experience

Deputy Project Manager	1996–2001	Rütters AG, Thailand international airport-construction & infrastructur
Deputy Project Manager	1994–1996	Arbeitsgemeinschaft HDT, Indonesia construction of: stadium with underground parking spaces, shopping center, school
Sitemanager	1990–1994	Rütters AG, Thailand construction and infrastructure for a housing project and an office building, finishing works and quantity surveying
Technical Clerk	1979–1990	Städtisches Bauamt Karlsruhe construction and infrastructure
Surveying	1976–1979	Bauhof Neuenburg
Joinery	1970–1974	Hilger GmbH, Ettlingen
Joinery	1967–1968	Sprack Werke, Ettlingen

Job Qualification

Project Management	2001	
Technical School for construction and survey	1974–1976	(diploma)
Joinery	1965–1967	(Gesellenprüfung Bau- und Möbeltischler)

Skills

Languages	German (mother tongue), English (very good), Thai (basic knowledge)
Computers	Basic Knowledge of Windows 2000

Dipl.-Ing. Christoph Meryn
Neumann-Reichardt-Str. 56
50667 Köln
Tel. (05 55) 1 41 82 87

LEBENSLAUF

Berufserfahrungen

02/96 bis heute	**Kaufmännischer Geschäftsführer**
	Berger & Sohn AG, Köln Produzent von Verpackungstechnik Marktführendes Unternehmen in Deutschland mit fünf Niederlassungen im europäischen Ausland ca. 90 Mitarbeiter, Umsatz ca. 100 Mio. DM
	Schwerpunkte: Marketing, Vertrieb, Organisation, Controlling, Human Resources
1990–1996	**Unternehmensbereichsleiter**, Prokura (3 Jahre)
	Gametron Elektronik AG & Co, Ludwigshafen Hersteller und Anbieter von Messtechnik 4 Auslandstöchter, ca. 150 Mitarbeiter, Umsatz ca. 140 Mio. DM
	Schwerpunkte: Marketing, Vertrieb, Organisation
	davor: **Geschäftsbereichsleiter** für Messtechnik (2 Jahre)
	davor: **Vertriebsleiter** für Messtechnik (1 Jahr)
1989–1990	**Vertriebsingenieur** **Alphatech Electronic GmbH**, Frankfurt Chinesischer Hersteller (Hongkong und Amerika) von TV-Geräten, Computern, Receivern
	Schwerpunkte: Vertrieb, Produktmanagement, Marketing

Dipl.-Ing. Christoph Meryn
Neumann-Reichardt-Str. 56
50667 Köln
Tel. (05 55) 1 41 82 87

Fortbildung

1998	Executive Leadership Program Management Institut Dr. Scholz
1997	Kreatives Führen und Kreatives Verkaufen Andersson Akademie
1995	Certified Internet Engineer Siemens

Berufsausbildung

1982–1989	**Studium der Elektrotechnik**, Universität Berlin Abschluss: Dipl.-Ing. Schwerpunkte: Nachrichtentechnik, Lasertechnik
1975–1979	**Meisterausbildung Nachrichtentechnik** Technische Schule der Bundeswehr

Militärdienst

1975–1982	**Luftwaffe**, Aufklärungsgeschwader, Soldat auf Zeit

Weitere Kenntnisse

Englisch	verhandlungssicher in Wort und Schrift
EDV	Windows 9x/NT, Word, Excel, PowerPoint, Access, MS-Project
Internet	Suchstrategien, Site-Usability, HTML-Grundkennt-nisse, FTP, Newsgroup

Köln, 22. Juli 2001 Christoph Meryn

Curriculum Vitae

Alexander Heide
Diplom-Pädagoge

Berufserfahrung

06/1993 bis heute	**PRO FAMILIA**, Landesverband Rheinland-Pfalz **Leiter des Referats »Psycho-soziale Arbeit«** Zuständigkeitsbereich für ca. 90 Kontakt- und Beratungsstellen **Arbeitsschwerpunkte:** • Fort- und Weiterbildung der MitarbeiterInnen • Führungskräftequalifikation • Leitung von Organisationsentwicklungsprojekten • Beratung in konzeptionellen und fachlichen Fragen • Planung und Durchführung von Projekten • Verhandlungen mit Kostenträgern und Landesministerien • Implementierung eines Controlling-Instruments • Initiierung von Benchmarking-Projekten
01/1985–05/1993	**Humanistischer Verband Deutschland**, Kreisstelle Köln **Mitarbeiter in der Beratung und Betreuung** **Arbeitsschwerpunkte:** • Arbeit mit Gruppen • Gründung von Selbsthilfegruppen • Leitung von Seminaren der Erwachsenenbildung • Psycho-soziale und sozialrechtliche Beratung • Leitung von Freizeitmaßnahmen für Kinder, Jugendliche und Erwachsene

Curriculum Vitae

Alexander Heide
Diplom-Pädagoge

Berufliche Weiterbildung

10/1990–06/1993	Fernuniversität Hagen Zusatzstudium für pädagogische Mitarbeiter in der Weiterbildung Abschluss-Gesamtnote: sehr gut
seit 1993	Diverse Seminare: Verhandlungstraining Zeit- und Selbstmanagement Moderation Marketing für Non-Profit-Unternehmen Betriebswirtschaftliche Grundlagen EDV-Grundlagen

Studium und Schulbildung

10/1979–01/1983	Universität Köln Diplom-Pädagogik-Studium Gesamt-Note: Gut Studien-Praktika in der Eltern- und Jugendberatung
10/1978–04/1979	Praktikum in der Kindertagesstätte, Köln
04/1966–05/1978	Grundschule und Gymnasium, Köln

Engagement und Hobbys

Ehrenamtliche Tätigkeit in der Jugendarbeit
Planung und Organisation von Reisen im Freundeskreis
Wandern und Tennisspielen

Bonn, 25. Juni 2001 Alexander Heide

Anmerkungen zu den Beispielen

Wolfgang Reschke

Herr Reschke verfasst ein englischsprachiges Curriculum Vitae für eine Auslandsbewerbung. Die persönlichen Daten bleiben in diesem Fall außen vor. Er wählt die Überschriften: »Professional Experience«, »Job Qualification« und »Skills«. Innerhalb der einzelnen Rubriken erfolgt eine chronologisch umgekehrte Auflistung der Berufserfahrung, wobei er mit dem letzten Job beginnt und rückwärts endet. Diese Variante hat Vorteile für Herrn Reschke, weil sein Lebenslauf eine kontinuierliche rote Linie aufweist und der letzte Job für die Bewerbung starke Argumente liefert.

Der Lebenslauf ist insgesamt sehr kurz und übersichtlich gehalten. Alle wichtigen Stationen sind auf einen Blick zu erkennen. Die bloße Nennung von Jahreszahlen trägt zur Überschaubarkeit bei. Herr Reschke hat eine Karriere vom Tischler zum Bauleiter hinter sich. Eventuelle Lücken von wenigen Monaten fallen da kaum ins Gewicht. Entscheidender ist der Gesamtverlauf.

Christoph Meryn

Herr Meryn bewirbt sich für die Position eines Geschäftsführers. Er hat auf einem Deckblatt alle wichtigen persönlichen Daten vermerkt. Deshalb folgt unter der Überschrift Lebenslauf gleich die recht ausführliche Darstellung des beruflichen Werdeganges, wobei beim jeweiligen Arbeitgeber auch spezifische Daten wie Umsatz, Zahl der Mitarbeiter und Branche genannt werden. Dies ist dann empfehlenswert, wenn es um eine verantwortungsvolle Position wie die des Geschäftsführers geht – in diesem Fall spielen dies Angaben eine wichtige Rolle, um die Kompetenzen des Bewerbers richtig einschätzen zu können. Erwähnt werden auch die jeweiligen beruflichen Schwerpunkte. Der berufliche Werdegang ist chronologisch rückwärts gereiht. Aus der Analyse der Positionen und Zeitenabfolge ist erkennbar, dass Herr Meryn konsequent bestimmte Ziele verfolgt, und dass der nächstliegende berufliche Schritt die Geschäftsführung ist.

Es folgen auf der nächsten Seite die Weiterbildungen, Berufsausbildung, Militärdienst und schließlich die sonstigen Kenntnisse. Wichtig! Herr Meryn bewirbt sich um die Position eines Geschäftsführers – Grundschuljahre und Hobbys bleiben in diesem Fall draußen!

Alexander Heide

Als Diplom-Pädagoge bewirbt sich Herr Heide für den Bereich Weiterbildung, Organisationsentwicklung und Beratung. Auch sein Karriereweg weist kontinuierlich nach oben, deshalb ist die umgekehrte chronologische Variante vorteilhaft. So wird auf den ersten Blick deutlich, dass der Schritt vom psycho-sozialen Bereich in die oben genannten Bereiche bei einer Fachakademie die logische Fortsetzung darstellt. Ein weiteres Plus: Herr Heide zählt im Lebenslauf alle Arbeitsschwerpunkte auf, die für die neue Stelle von Bedeutung sind.

Eingang in den Lebenslauf findet auch die kontinuierliche Weiterbildung und Professionalisierung. Zu den Hobbys: Hier werden Engagement und kommunikative Kompetenzen deutlich gemacht.

Lebenslauf

Berufspraxis

seit 2001	Trainerin im Bildungszentrum der IHK Osnabrück
1999–2001	Forum für Interkulturelle Studien e.V., Osnabrück
	Qualifizierungsprojekt für interkulturelle Sozialarbeit im Auftrag des Sozialministeriums
seit 1995	Lehrbeauftragte an der Fachhochschule für Sozialarbeit und Sozialpädagogik, Osnabrück
	Therapie, Beratung, Supervision und Coaching als freie Mitarbeiterin in der Alexander-Westfalica-Stiftung
1994	Zukunftswerkstatt Osnabrück, Gesundheitsberaterqualifizierung
	Co-Trainerin einer Ausbildungsgruppe für Psychodrama und Gestalttherapie beim Institut für Psychodrama, Osnabrück
1992–1994	Synanon e.V., Osnabrück
	Mitarbeiterin in der therapeutischen Gemeinschaft für drogenabhängige Menschen
1990–1992	Wildwasser e.V., Osnabrück
	Mitarbeiterin in der Beratungsstelle

Claudia Kernbach, Bergstraße 72, 49076 Osnabrück
Tel: (05 41) 2 32 47 74, E-Mail: clauke@yahoo.com

Berufsqualifizierung

1998	»Weiterbildungsmanagement« Kontakt- und Aufbaustudium FB Kommunikationswissenschaft an der Universität Osnabrück
1993	Heilpraktikerausbildung an der BTB, Remscheid
1989–1993	Weiterbildung für Psychodrama und Gestalttherapie beim Institut für Psychodrama und Training, Heidelberg
1989–1991	Fortbildung »Leiten und Analysieren von Gruppen« in der Akademie für personenzentrierte Psychologie GmbH, Wuppertal

Schule und Ausbildung

1985–1990	Studium der Sozialpädagogik an der FH für Sozialarbeit und Sozialpädagogik, Osnabrück
1988	Auslandssemester an der Faculty of Community Studies an der Edinburgh Polytechnic, Großbritannien
1985	Erlangung der Fachhochschulreife, 4. Oberschule, Osnabrück
1982–1985	Fachschule für Pharmazeutisch-technische Assistenten, Osnabrück
1972–1982	Besuch der Grundschule und des Gymnasiums, Osnabrück

Osnabrück, 22. Juni 2001

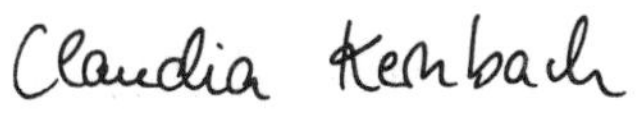

Claudia Kernbach, Bergstraße 72, 49076 Osnabrück
Tel: (05 41) 2 32 47 74, E-Mail: clauke@yahoo.com

Stefan Meywald · Paul-Lincke-Ufer 6e · 10999 Berlin

Tel.: 030 - 618 75 56 · Mobil: 0178 - 622 32 16 · E-Mail: stmeywald@aol.com

LEBENSLAUF

Berufserfahrungen

seit 02/1998 — DEVK VERSICHERUNG AG, Berlin
Mitarbeiter der Verkaufsförderung, zuständig für den Bereich Direktmarketing
- Qualifizierung und Betreuung des Außendienstes
- Erhöhung der Kundenkontaktfrequenz
- Steigerung der Kundenzufriedenheit
- Verbesserung der Kundenbindung

Selbstständige Tätigkeiten
seit 10/1997 — **Vertrieb von Fest- und Mobilnetzdienstleistungen**
seit 08/1997 — **Fachberatung für Sicherheitstechnik**, Firma Schlüter, Berlin
- Kundenberatung und -betreuung
- Angebotserstellung

11/1994–06/1997 — HAHN-MEITNER-INSTITUT, Berlin
Wissenschaftlicher Mitarbeiter
- Kundenbefragung
- Innovationsmanagement
  für kleine und mittlere Unternehmen
  Ausarbeitung innovationsfördernder Strukturen in KMU
  Entwicklung verschiedener Incentive-Modelle

09/1991–01/1993 — **Tätigkeiten zur Überbrückung der Wartezeit bis zum Studium**

MENTZEL HEIZUNG-SANITÄR, Berlin
Fachverkäufer Heizungstechnik
- Verkaufs- und Kundenberatung
- Erstellung von Sonderaktionen zur Verkaufsförderung

DEBIS, Berlin
Werksfahrer

05/1989–09/1990 — ALEX FAHRZEUGBAU GMBH, Berlin
Motorenschlosser

09/1987–04/1989 — AUTOHAUS HINZ, Berlin
Kfz-Mechaniker

Stefan Meywald · Paul-Lincke-Ufer 6e · 10999 Berlin

Tel.: 030 - 618 75 56 · Mobil: 0178 - 622 32 16 · E-Mail: stmeywald@aol.com

Ausbildung/Weiterbildung

03/1993–02/1998	TECHNISCHE FACHHOCHSCHULE Berlin Wirtschaftsingenieurwesen, Fachbereich Betriebswirtschaft *Schwerpunkte:* • Technischer Vertrieb und Vertriebskommunikation • Investition und Finanzierung • Produktionstechnik *Diplomarbeit:* Strategische Modelle für die Einführung eines neuen Geschäftsfeldes »Solarstromgewinnung« in kleinen und mittleren Unternehmen *Abschluss:* **Diplom-Wirtschaftsingenieur (FH) (gut)**
10/1990–06/1992	TECHNISCHE FACHHOCHSCHULE, Berlin Vorbereitungskurs zum Erlangen der Fachhochschulreife *Abschluss:* **Fachhochschulreife**
09/1984–08/1987	EDUARD WINTER, Berlin Ausbildung zum Kfz-Mechaniker *Abschluss:* **Gesellenbrief**
1977–1984	GRUNEWALD-REALSCHULE, Berlin *Abschluss:* **Mittlere Reife**

Sonstige Kenntnisse

Fremdsprachen	Englisch	fließend in Wort und Schrift
	Französisch	Grundkenntnisse
EDV	Windows, MS-Office (Word, Excel, PowerPoint), OS/2	
Fortbildung	Moderationsschulung Rhetorikseminare Existenzgründer-Seminare Konfliktmanagement	

Berlin, 17. 5. 2001 Stefan Meywald

Lebenslauf

MARIKA NITSCHE

PERSÖNLICHES

Marika Nitsche
Waldburgstr. 136
70563 Stuttgart
Tel: 07 11 - 7 53 86 56

geboren am 08/03/1951
in Budapest (Ungarn)
verheiratet

BERUFLICHER WERDEGANG

seit 03/1999	Future Photonics Inc., Stuttgart Product Development Manager Optical Networking Group		
1990–1999	debis Systemhaus, Internet Business Solutions GmbH, Leinfelden Echterdingen		
	1999–2000	Softwaredesign (Distributed 5-Tier Layer Applications)	
	1997–1999	WinNT-Softwareengineer CUI Programmierung mit XFC, BTL, COP, OTE DB	
	1997	Software Spezifikation für die Portierung des SYQAR Transport Tools von UNIX auf WinNT Platform	
	1992–1996	UNIX-Softwareengineer Programmierung in C, C++, X-Windows und ABC-MOTIF	
	1990–1992	Systemadministratorin TX-UP, SUN SOLARIS, LAN	
1975–1989	Traktorenwerk Komarno (Ungarn) Systemprogrammiererin im Rechenzentrum auf IBM/360, HP/3000, IRIS/CII		
	1984–1989	COBOL Programmierung auf XP/7000 und Erstellung einer IMAGE Datenbank für den Vertrieb	
	1982–1984	Projekt-Management einer Fertigungs-Halle mit IDH	
	1980–1982	BETA-V und COBOL Programmierung auf FURIS	
	1978–1980	Entwurf, Organisation und Aufbau eines integrierten Datenbanksystems für den Vertrieb	
	1976–1978	Datenbankprogrammierung mit ARAS	

Lebenslauf — Marika Nitsche

FORTBILDUNG

1989–1990	CDI (Control Data Institut) München UNIX Betriebssystem, Programmiersprache C, KOLET und System-Programmierung, Betriebssystem AVS, Datenbanken unter PL1 und TINS, Netzwerkarchitektur TMA

STUDIUM

1974–1975	Universität Budapest Spezialausbildung im Fachgebiet Informatik Abschluss: Diplomprüfung
1970–1974	Universität Budapest Studium der Mathematik Abschluss: Diplom-Mathematikerin

SCHULE

1966–1970	Gymnasium in Budapest Spezialklasse für Mathematik Abschluss: Abitur
1958–1966	Grundschule in Budapest

SPRACHKENNTNISSE

Deutsch und Ungarisch	Muttersprachen
Englisch	sehr gut in Wort und Schrift
Russisch	sehr gut in Wort und Schrift
Französisch	fachbezogen

HOBBIES

Jogging, Wandern, Cello spielen

Stuttgart, 28/07/2001

Anmerkungen zu den Beispielen

Claudia Kernbach

Der berufliche Werdegang von Claudia Kernbach entspricht nicht der Vorstellung von einem geradlinigen Berufsweg. Sie hat – wie vermutlich viele Bewerber aus dem sozialpädagogischen Bereich – eine bunte Vielfalt an Tätigkeiten ausgeübt, von der Mitarbeit in unterschiedlichen psycho-sozialen Einrichtungen bis zur Trainerin für einen Bildungsträger. Bunte Vielfalt ist in manchen Fällen interessant. Diese muss aber in eine bestimmte Richtung weisen – und genau diese Strategie wählt Frau Kernbach. An der Gestaltung ihres Lebenslaufes, die umgekehrte chronologische Version, werden zwei Dinge erkennbar: Zum einen, dass die berufliche Entwicklung in Richtung Bildungsreferentin weist. Zum zweiten, dass sie kontinuierlich eine Weiterqualifikation anstrebte. Die Frage ist dann: Welche Kompetenzen hat sie dabei erworben und wie will sie diese für die neue Tätigkeit einsetzen? Dafür entwirft Frau Kernbach ein gesondertes Qualifikationsprofil (siehe Seite 242).

Stefan Meywald

Herr Stefan Meywald bewirbt sich als Verkaufsleiter bei einem mittelständischen Unternehmen, also in eine andere Branche. Beabsichtigt ist ein Karrieresprung – vom Mitarbeiter der Verkaufsförderung zum Verkaufsleiter und damit die Zunahme an Verantwortung und ein erhoffter finanzieller Bonus. Er hat seinen Lebenslauf sehr ausführlich gestaltet, dennoch ist dieser durch die gewählten Überschriften und die optische Gliederung sehr übersichtlich gehalten. Alle wichtigen Informationen über den Werdegang sind bewusst ausgewählt. Herr Meywald zeigt Profil: Seine Stärken sind Vertrieb, Marketing und Beratung. Kundenorientierung ist in diesem Lebenslauf kein Schlagwort, sondern mit konkreten Beispielen belegt. Auch die Beschreibung der Studienschwerpunkte ist wegen der zeitlichen Nähe und inhaltlichen Affinität zur angestrebten Stelle sinnvoll. Er nennt keine Hobbys, was ihn einerseits als Person ungreifbarer macht, andererseits aber der Position entspricht.

Marika Nitsche

Als Software-Entwicklerin ist Frau Nitsche zur Zeit auf dem Arbeitsmarkt gefragt. Mit Ihren Kenntnissen und Erfahrungen ist sie eine hochkarätige Kandidatin. Ihr Lebenslauf enthält die Punkte »Persönliches«, »Beruflicher Werdegang«, »Fortbildung«, »Studium«, »Schule«, »Sprachkenntnisse« und »Hobbys« – eine sehr klassische Version. In der chronologisch umgekehrten Variante stehen ihre aktuelle Tätigkeit und die dabei erworbenen fachlichen Kenntnisse im Vordergrund. Die Begründung: Ihre Berufsbiografie passt hervorragend zur ausgeschriebenen Stelle im Bereich Optische Netze. Insgesamt ein sehr sachlicher, informativer Lebenslauf, der stichwortartig alles Wesentliche für die neue Stelle enthält. Weitere Details zu ihren Fachkenntnissen werden im Qualifikationsprofil aufgelistet (siehe Seite 246f.).

Jürgen Seifert Hirtenstraße 62 80335 München Tel: 089 - 4 54 39 10

LEBENSLAUF

Berufspraxis

Fortbildung zum zertifizierten SAP-Berater Materialwirtschaft	2000–2001
Hein GmbH, Maschinen-Mietservice Analyse der Hard- und Softwareumgebung Auswahl, Beschaffung, Einführung und Parametrisierung der Hard- und Software Beratung und Schulung in Organisationsfragen	1999–2000
Deutscher Paritätischer Wohlfahrtsverband München e.V. Aufbau der Abteilung EDV/Organisation Erstellung des Gesamtkonzeptes für die EDV und Telekommunikation Einführung betriebswirtschaftlicher Software	1994–1998
Ludwig-Maximilian-Universität München Studentischer Mitarbeiter am Rechenzentrum Programmierung von SQL-Datenbanken Einführung der Mailing-Software am Fachbereich BWL	1989–1994
Fahrradland, München Kaufmännischer Angestellter	1979–1983

Studium

Ludwig-Maximilian-Universität München Studium der Informatik Abschluss: Vor-Diplom Informatik	1989–1994
Ludwig-Maximilian-Universität München Studium der Betriebswirtschaftslehre Abschluss: Diplom-Kaufmann	1983–1989

Jürgen Seifert Hirtenstraße 62 80335 München Tel: 089 - 4 54 39 10

Berufliche Weiterbildung

REFA, München Change-Management (Analyse von Aufbau- und Ablaufstrukturen, Änderung von Arbeitsabläufen)	1999
IHK, München Staatliche Förderprogramme für KUM	1998
Seminarzentrum Göttingen Einführung in das Controlling	1997
Seminarzentrum Göttingen Gesprächs- und Verhandlungsführung	1996
quenz-akademie, Tübingen Effektives Problemlösen	1993

Schulbildung

Grundschule und Gymnasium, München Abschluss: Abitur	1966–1978

Besondere Kenntnisse

gut in Wort und Schrift	Englisch
Finanzbuchhaltungs-Programme: UBH, KKH Personalwirtschaftsprogramme (KidiCap 2000) SQL-Datenbanken Office-Programme: Word, Excel, Access, PowerPoint	EDV

Hobbies

Inline-Skating, Schwimmen, Segeln

München, Mai 2001

Hans-Peter Hohenfels • Dipl.-Wirtschaftsing. • Lebenslauf

geboren am 08. März 1966 in Mainz
ledig, ortsungebunden

BERUFSERFAHRUNGEN

seit 01/07/1997 KAISER AG **Freiburg**

Produktmanager für Glasfasertechnik

- Vertreter Marketing/Business Development für das Kompetenz-Center Glasfaser ForumNET im weltweiten Steering Cometee. Koordination UMTS Key-Account Gruppe mit europäischem Focus.
- Definition und Aufbau des Produktportfolios für Glasfaser. Marktbeobachtung und -analyse. Erstellung von Businessplänen und Abstimmung mit den internationalen Vertriebsorganisationen.
- Leitung von internationalen Entwicklungsprojekten und Entwicklungsteams.
- Markteinführung neuer Produkte, operative Verantwortung des Marketing-Mix, Produktbetreuung und Unterstützung des Vertriebes bei Akquisitionen.
- Aufbau und Führung eines weltweiten Glasfaserteams PraxisNET, Ausbau und Harmonisierung des internationalen Produktportfolios, Erarbeitung einer weltweiten Glasfaser-Strategie, Ausbau der internationalen Marktposition der Gruppe.
- Aufbau strategischer Allianzen. Verhandlung und Abschluss von zukunftsweisenden Lizenzen.

01/96–06/97 L'OREAL **Düsseldorf**

Betriebswirtschaftiches Führungsnachwuchsprogramm. Projekttätigkeit in den folgenden Funktionsbereichen:

- *Produktmanagement*
  Marktanalyse, Konzeption eines Marketing-Mix
- *Controlling Produktbereiche/Geschäftsbereiche*
  Monatliche Geschäftsberichte und Erfolgsrechnung für drei Produktbereiche (Umsatz 200 Mio. DM)
  Wirtschaftsplanung für ein neu geschaffenes Profit-Center.
- *Logistik*
  Schnittstellenoptimierung mit Lieferanten (SAP und Access)

Hans-Peter Hohenfels • Dipl.-Wirtschaftsing. • Lebenslauf

01/94–12/95	FAG PERSONALDIENSTE U. SERVICE GMBH ***Consultant*** – Erstellung eines Konzeptes zur Investitionsentscheidung in verschiedenen fernöstlichen Staaten. Recherche für neun verschiedene Staaten und DV-technische Implementierung. – Projektleiter des Beratungsteams (5 Personen)	**Schweinfurt**
06/94–12/94	GERMAN AUSTRALIAN CHAMBER OF COMMERCE ***Betriebswirtschaftliches Praktikum im Marketing Department*** – Beratung deutscher Unternehmen bei der Erschließung des australischen Marktes – Durchführung einer Marktstudie	**Sidney**
07/93–10/93	INFOTEC GMBH ***Projektleiter des Beratungsteams*** – Europäische Marktpotenzanalyse zum Thema »Prozessautomatisierung für einen deutschen Industrie-Konzern«	**Reutlingen**
1990–1994	SELBSTSTÄNDIGER EDV-SYSTEMBERATER – Planung, Installation und Wartung von PC-Systemen, Software-Anpassung und -Schulung, tätig für verschiedene Unternehmen	**Bremen**
1988	SINTEC AG – Informationselektroniker in der Entwicklung aktiver Fahrwerksysteme	**Bremen**

STUDIUM

1988–1995	TECHNISCHE UNIVERSITÄT **Wirtschaftsingenieurwesen**, Fachrichtung Elektrotechnik *Abschluss:* Dipl. Wirtsch.-Ing. (Note: 2,0) *Diplomarbeit:* Kernkompetenzen als Mittel zur Ausrichtung der Innovationsstrategie (Prof. Gernet)	**Bremen**

Hans-Peter Hohenfels • Dipl.-Wirtschaftsing. • Lebenslauf

Schwerpunkte:
- F & E Projektmanagement, Innovationsmanagement und Markt- und Technikforschung (Prof. Sperling)
- Controlling (Prof. Heiser)
- Elektro-Mechanische-Konstruktionen (Prof. Schwarz)
- Endeinrichtungen der Nachrichten- und Datentechnik (Prof. Iller)

BERUFSAUSBILDUNG

1985–1988	SINTEC AG Ausbildung zum **Informationselektroniker** Prädikatsprüfung	**Bremen**

SCHULE

1976–1985	Grundschule und Gymnasium	**Bremen**

BESONDERE KENNTNISSE

EDV	Fundierte Hardware- und Softwarekenntnisse im PC-Sektor und im Bereich Online-Dienste
Fremdsprachen	Englisch, verhandlungssicher

SONSTIGE AKTIVITÄTEN

1999–2000	Management Development Programme, KAISER AG Schwerpunkt Mitarbeiter- und Gesprächsführung Projektarbeit: Direktmarketing via E-Mail
1996–1997	Teilnehmer am internationalen General Management Unternehmensplanspiel MARGA, dritter Sieger in der Finalrunde
1991–1995	Infotec GmbH, Studentische Unternehmensberatung Organisation und Durchführung von technischen und wirtschaftlichen Beratungsprojekten in verschiedenen Branchen, zuständig für Firmenkontakte und Projektakquisition
Hobbies	Jiu-Jitsu, Schach, amerikanische Filme

Freiburg, August 2001

Hans-Peter Hohenfels

Hasemannstr. 26, 79117 Freiburg, 07 61 - 8 18 13 91, hph@yahoo.com

CURRICULUM VITAE

OBJECTIVES: **Senior Product Manager/Business Development Manager**

PROFILE

- Four years experience in product management for fibre optic with a solid record in defining product portfolio, market introduction of new products and managing strategic alliances
- Proven ability to establish, develop and maintain excellent business relationships with clients and sales teams
- Increased the fibre optic business revenues by 500 % over the last two years
- Strong skills in contract administration, sales and marketing

PRODUCT MANAGEMENT EXPERIENCE

Product Manager for Fibre Optic **07/97 to present**
KAISER AG, Freiburg
Responsible for marketing and business development, market observation and coordination with the international sales organisations, managing all strategic alliances in the Fibre Optic area

Business Management Program **01/96–06/97**
L'OREAL, Düsseldorf
Projects in the following functional areas: product management, controlling product areas/business lines and logistics

CONSULTANT EXPERIENCE

Consultant **01/94–12/95**
FAG PERSONALDIENSTE UND SERVICE GMBH, Schweinfurt
Research and data collection of nine different countries and technical implementation in excel. Project leader of the consulting team of five people.

Internship in the Marketing Department **06/94–12/94**
GERMAN AUSTRALIAN CHAMBER OF COMMERCE, Sidney
Consulting German companies

Independent IT systems analyst **1990–1994**
Planning, installation und maintenance of PC systems. Software adaptation and training for different enterprises

Information Electronics Technician, R&D-Department **1988**
SINTEC AG, Bremen
Developed active electronic chassis

EDUCATION

Joint master's degree in business administration and electrical engineering
TECHNICAL UNIVERSITY BREMEN **1988–1995**

DIPL.-KFM. WALTER OETINGER
Hofkamp 41 – 42103 Wuppertal – Tel: 02 02 - 9 34 48 31

Berufsziel

Projektentwickler in der Immobilien- und Grundstücksverwaltung

Berufliches Profil

Assistent der Geschäftsführung eines Bauträgers

- Ankauf von Grundstücken zur Bebauung
- Bauantragstellung und Abstimmung bis zur Baugenehmigung
- Refinanzierung über Kreditinstitute
- Vermietung von Wohn- und Gewerbeflächen
- Vertrieb der vermieteten Objekte an Fondsgesellschaften und institutionelle Anleger

Kaufmännischer Projekt-Koordinator für Baumaßnahmen in Sanierungsgebieten und städtebauliche Entwicklungsmaßnahmen

- Vollverantwortlicher Projektleiter als Treuhänder einer Gemeinde
- Begleitung der Gemeinde bei der Aufstellung eines Bebauungsplans
- Aufstellung von Kosten- und Finanzplänen, Soll-Ist-Vergleich
- Beantragung von Fördermitteln, Budgetierung und Abwicklung des Zahlungsverkehrs
- Controlling
- Präsentation und Mitwirkung bei der Öffentlichkeitsarbeit

DIPL.-KFM. WALTER OETINGER
Hofkamp 41 – 42103 Wuppertal – Tel: 02 02 - 9 34 48 31

Berufsstationen

09/95–05/00	Assistent der Geschäftsführung JWD Liegenschaftsverwaltung, Wuppertal
05/94–08/95	Sanierungskaufmann und Projektleiter Deutsche BauBeCon AG, Hannover
09/91–04/94	Dozent im Weiterbildungsbereich Wittke & Partner, Nürnberg
03/90–10/90	Kaufmännischer Sachbearbeiter DVK Versicherung, Erlangen

Ausbildung/Weiterbildung

2000–2001	Weiterbildung zum SAP-Spezialisten (SAP R/3 und ABAP) SAP Schulungszentrum, Wuppertal
1995–2000	EDV-Seminare in Excel, Access, Powerpoint und MS-Project Dale Carnegie Seminare (Mitarbeiterführung und -motivation) Helfrecht Seminar für strategisches Handeln Vertriebstraining
1990–1994	Studium der Betriebswirtschaftslehre Fachhochschule für Wirtschaft, Nürnberg
1987–1990	DVK Versicherung, Erlangen Ausbildung zum Versicherungskaufmann

Wuppertal, 8. 3. 2001 Walter Oetinger

Anmerkungen zu den Beispielen

Jürgen Seifert

Dieser Kandidat bewirbt sich initiativ in der IT-Organisation eines Software-Entwicklers. Der Lebenslauf mit den wichtigsten Daten ist in diesem Fall rechtsbündig gestaltet und fällt schon allein aufgrund der Form auf. Dass Herr Seifert nur die Jahreszahlen angibt, könnte im Vorstellungsgespräch zur Sprache kommen. Die rote Linie im beruflichen Werdegang überzeugt allerdings. Mit diesem schön gestalteten Lebenslauf gibt Herr Seifert auch zu erkennen, dass er Schwerpunkte zu setzen und sich entsprechend zu präsentieren weiß. Die Hobbys deuten auf einen sehr sportlichen Mitarbeiter hin und betonen Fitness und Dynamik.

Hans-Peter Hohenfels

Herr Hohenfels ist zur Zeit als Produktmanager tätig. Er hat ein Stellengesuch aufgegeben und zielt auf eine Tätigkeit in einem internationalen Unternehmen ab. Deshalb entwirft er sowohl ein deutsches als auch ein englisches Curriculum Vitae.

Zur deutschen Version: Zentral in diesem Lebenslauf ist die Nennung der Schlüsselbegriffe der entsprechenden Branche. Damit gibt er zu erkennen, dass er die Sprache des Produkt-Managements und der Consultants spricht. Ein weiterer Pluspunkt: Seine internationale Berufserfahrung wird im Lebenslauf sofort, auf den ersten Blick durch die optische Gestaltung (rechtsbündig, fett hervorgehoben) ersichtlich. Einziger Nachteil: die Länge. Bei einem dreiseitigen Lebenslauf besteht tendenziell die Gefahr, dass die Personalverantwortlichen gar nicht erst zu Ende lesen. Schnell könnte Herr Hohenfels damit den Eindruck eines »Vielredners« hervorrufen. In diesem Fall empfehlen wir eine entsprechende optische Gestaltung mit Überschriften, Fettdruck und Kursivschrift (Vorsicht: nicht zu viel des Guten!), was zur Überschaubarkeit und optischen Gliederung entscheidend beiträgt. Zu den Hobbys: Herr Hohenfels nennt eine relativ exotische Sportart: Jiu-Jitsu, was ihm als Bewerber durchaus individuelle Züge verleiht und neugierig macht. Auch das Schachspiel trägt zu einer interessanten Selbstpräsentation bei und ist der Bewerbung durchaus angemessen.

Zur englischen Version: Hier wird der Lebenslauf radikal auf eine Seite gekürzt. An oberster Stelle wird das Berufsziel genannt, dann ein Profil des Bewerbers vorgeschaltet. Alle für das Berufsziel relevanten Erfahrungen werden genannt. Die Überschriften sind entsprechend funktional nach Tätigkeitsschwerpunkten gewählt. In der englischen Version steht nicht die Chronologie im Vordergrund, sondern die Themenschwerpunkte.

Walter Oetinger

Ungewöhnlich ist an diesem Lebenslauf die Gliederung nach beruflichen Schwerpunkten. Da es sich bei Herrn Oetinger um einen Bewerber mit fundierter Berufserfahrung handelt, stellt er sein Berufsziel an den Anfang und präsentiert die dazu passenden Berufserfahrungen unter der Überschrift »Berufliches Profil«. Erst danach werden die Berufsstationen und die Ausbildung mit zeitlichen Angaben aufgelistet. Zu empfehlen ist diese Variante, wenn Schwerpunkte und Stärken auf ein Berufsziel zugeschnitten präsentiert werden sollen. Die Tatsache, dass Herr Oetinger aktuell an einer Weiterbildung teilnimmt und in keinem Arbeitsverhältnis steht, fällt so gekonnt unter den Tisch. Insgesamt zeichnet sich dieser unkonventionelle Lebenslauf durch Kürze und Übersichtlichkeit aus.

Frank Krüger
Diplom-Psychologe

Lebenslauf

geboren am 11. 5. 1963 in Mönchengladbach
verheiratet, 1 Tochter (8 Jahre)

Tätigkeiten in Kliniken

1998–heute	Abteilungsleiter Psychologie (verantwortlich für 8 MitarbeiterInnen)
1994–1998	stellvertretender Abteilungsleiter Fachklinik Paderborn, Abteilung Psychologie
1992–1994	Psychologischer Berater und Psychotherapeut Fachklinik Aachen, Abteilung Psychologie

Freiberufliche Tätigkeiten als Diplompsychologe

- Neuropsychologischer Gutachter, seit 1998
  Feststellung der beruflichen Leistungsfähigkeit
- Systemischer Therapeut, Berater, Supervisor und Coach, seit 1996
  Klinische und organisatorische Fragestellungen
- Dozenten- und Vortragstätigkeiten, seit 1992
  Publikationen in einschlägigen Fachbüchern/-journalen, seit 1993

Weiterbildung

- Psychologischer Psychotherapeut, 1998
- Klinischer Neuropsychologe, GNP, 1996
- Systemischer Familientherapeut und Organisationsberater, 1996

Frank Krüger
Diplom-Psychologe

Hochschulstudium

1987–1992	Studium der Psychologie an der Universität Frankfurt/M.

Zivildienst

1986–1987	Pflegertätigkeit in der Psychiatrischen Abteilung BKH Frankfurt/M.

Berufsausbildung

1983–1985	Ausbildung zum Einzelhandelskaufmann Firma Schlüppert, Mönchengladbach

Schulausbildung

1969–1982	Grundschule und Gymnasium in Mönchengladbach Abschluss mit Abitur

Fremdsprachen

Englisch und Französisch, gut in Wort und Schrift

Hobbys

Triathlon
Fotografieren
Klassische Musik

Paderborn, 4. 5. 2001

Anna Weismann · Bahnhofstr. 33 · 97070 Würzburg · Tel: 0391 - 543 540

L E B E N S L A U F

Persönliches

geboren am 31. 10. 1967

in Memmingen

ledig

Industrie-Kauffrau

Beruflicher Hintergrund

seit 1996	Sekretärin/Büroleiterin Beckmann-Stiftung e.V., Würzburg
1994–1996	Sekretärin Architekturbüro Bukem GmbH, Würzburg
1993–1994	Sekretärin der Geschäftsleitung Wolff Bau GmbH, Würzburg
1991–1993	Sekretärin mit Geschäftsführungsaufgaben WoG e.V., Würzburg
1990–1991	Kaufmännische Angestellte Schmidt & Schöller GmbH, Memmingen
1985–1988	Verwaltungsangestellte der Stadt Memmingen Arbeiterwohlfahrt

Anna Weismann · Bahnhofstr. 33 · 97070 Würzburg · Tel: 0391 - 543 540

L E B E N S L A U F

Ausbildung/Weiterbildung

1988–1990	Duplex GmbH, Memmingen Ausbildung zur Industriekauffrau/DV Abschluss: Kaufmannsgehilfenbrief
1982–1984	Berufsaufbauschule Bildungsanstalt für hauswirtschaftliche und sozialpädagogische Berufe in Memmingen Abschluss: Fachoberschulreife
1974–1981	Grund- und Realschule in Memmingen Realschulabschluss

Besondere Kenntnisse

Fremdsprachen	Englisch (Grundkenntnisse)
EDV	Windows 2000, Excel
Interessen	Eislaufen, Kochen mit Freunden

Würzburg, 13. 2. 2001 Anna Weismann

EDITH MATTHIES

Lebenslauf

Berufstätigkeit

seit 7/1996	Deutscher Wirtschaftsverband, Bonn Sachbearbeiterin • Regelmäßige Kontaktpflege mit Medien und Ministerien, Unternehmen und Fachöffentlichkeit • Auswertung regionaler und überregionaler Informationsquellen • Inhaltliche und organisatorische Veranstaltungsvorbereitung • Schriftliche und telefonische Beantwortung von Anfragen
1995	Europaforum, Bonn Mitarbeiterin im Internationalen Praktikantenreferat • Telefonischer Informationsaustausch mit Praktikanten-Büros in Osteuropa, USA, Akademischen Auslandsämtern • Beratung von Studierenden aus dem In- und Ausland
1994–1995	Columbia University, New York Bibliothekarin in der Library, Reference Department • Auskunftsdienst (Online-Kataloge, CD-ROM) • Assistenz bei Veranstaltungen zur Benutzerschulung • Erstellung annotierter Bibliografien zur Semestereinführung in Zusammenarbeit mit Dozenten
1994	Forschungszentrum Artec, Bremen Abteilung Datenbankaufbau und -entwicklung Sachbearbeiterin • Vorbereitung der Publikation zu Forschungsarbeiten durch Erfassung nach Regelwerk • Aktualisierung der Adressdatenbank • Auswertung von Tätigkeitsberichten und Verzeichnissen
1993	Haus der Kulturen der Welt, Berlin Bibliothek Mitarbeiterin • Inventarisierung und Systematisierung von Medienbeständen
1990–1993	Philologisches Seminar der FU Berlin Seminarbibliothek Studentische Hilfskraft

EDITH MATTHIES

Berufliche Weiterbildung

1998	Fachhochschule Köln, Institut für Information und Dokumentation, berufsbegleitende Weiterbildung Abschluss: Wissenschaftliche Dokumentaristin Gesamtnote: gut
1995	MIT (Massachusetts Institut of Technology); USA Praktikum zur Informationsrecherche im Internet in wissenschaftlichen Datenbanken

Studium

1989–1993	FU Berlin, Studiengang Altphilologie Abschluss: M.A., Gesamtnote »gut«
1986–1989	Fachhochschule für Bibliotheks- und Dokumentationswesen, Berlin Abschluss: Diplom-Bibliothekarin, Gesamtnote »gut«
1983–1986	FU Berlin, Studiengang Altphilologie

Schulbildung

1974–1983	Albrecht-Ehler-Gymnasium, Berlin Abschluss: allgemeine Hochschulreife

Zusatzqualifikationen

Fremdsprachen	Englisch und Französisch – sehr gut – in Wort und Schrift
EDV	Anwendung von MS-Office unter WindowsNT, Datenbankprogrammen Recherchen im Internet und Intranet Homepage-Gestaltung

Interessen

Anglo-amerikanische Literatur
Klientenzentrierte Gesprächsführung
Autorenlesungen
Jogging

Bonn, 5. 6. 2001

Anmerkungen zu den Beispielen

Frank Krüger

Herr Krüger erstellt einen chronologischen Lebenslauf, sortiert nach Überschriften. Einzige Besonderheit ist, dass die Berufserfahrungen von Herrn Krüger unter zwei gesonderten Überschriften aufgelistet werden: »Tätigkeiten in Kliniken« und »Freiberufliche Tätigkeiten als Diplom-Psychologe«. Auf zwei Seiten wird kurz und knackig der berufliche Werdegang von der aktuellen Tätigkeit über Weiterbildung, Hochschulstudium, Zivildienst, Berufsausbildung und Schulbildung dargestellt. Da sich Herr Krüger bei einer Bank bewirbt, ist die klassische, lückenlose Dokumentation aller relevanten Erfahrungen angebracht. Sprachkenntnisse und Hobbys runden das Bild von dem Bewerber ab. Auch hier wurde entsprechend ausgewählt: Die Schwerpunkte bilden Sport und kulturell-künstlerische Interessen.

Anna Weismann

Die Bewerberin erstellt kein Deckblatt, deshalb sind das Foto und die persönlichen Daten auf der ersten Seite des Lebenslaufes zu finden. Der Lebenslauf von Frau Weismann besticht durch seine ungewöhnliche Gestaltung. Gleich unter der Rubrik »Persönliches« findet die Ausbildung zur Industrie-Kauffrau Erwähnung. Der berufliche Hintergrund gibt das Wesentliche, nämlich die Tätigkeit und den Arbeitgeber, wieder. Ein Blick auf die Ausbildungs- und Berufswege zeigt, dass Frau Weismann einen beruflichen Schwerpunkt gesetzt hat: den der Industrie-Kauffrau. Zusätzlich hat sie die Fachoberschulreife für sozialpädagogische Berufe erworben. Für Sekretariatsaufgaben in psychosozialen Einrichtungen ist sie damit hervorragend qualifiziert. Dazu kommt eine auffallende Präsentation als Sekretärin: sachlich und schlicht, aber Aufmerksamkeit erregend durch die optische Gestaltung.

Edith Matthies

Frau Matthies bewirbt sich bei einer Behörde und gestaltet ihren Lebenslauf nach dem klassischen Muster: (umgekehrt) chronologisch und nach Überschriften gegliedert. Zu den einzelnen Berufsstationen werden stichwortartig die Aufgaben aufgezählt. Hervorgehoben werden die Arbeitgeber, wobei es sich insgesamt um öffentlich-rechtliche Verbände beziehungsweise Institutionen handelt. Dies passt zur Bewerbung beim Arbeitsamt, gleichfalls eine öffentlich-rechtliche Einrichtung. Die Schwerpunkte werden im Bereich Information, Beratung und Pflege von Kontakten gesetzt, zugeschnitten auf die gewünschte Position als Beraterin von Abiturienten. Von den Zusatzqualifikationen (EDV, Internet) bis zu den Interessen (Klientenzentrierte Gesprächsführung) entwirft die Bewerberin ein stimmiges Bild von sich. Grafisch erfüllt die Präsentation die Kriterien der guten Lesbarkeit und Übersichtlichkeit perfekt. Insgesamt eine konservative Bewerbung, ansprechend gestaltet, die durch die Inhalte überzeugt.

LEBENSLAUF

Zur Person geboren 14. 10. 1958 in Fulda, ledig

Beruflicher Werdegang

seit 12/1997	Controllerin Robert Bosch GmbH, Stuttgart
1995–1997	Leitende Angestellte im Controlling/Finanzwesen Thies Stahl GmbH, Frankfurt/M.
1990–1995	Unternehmensberaterin SLV Wirtschaftsberatung, Frankfurt/M.
1981–1982	Sachbearbeiterin in der Buchhaltung Gropius-Werke, Fulda

Studium und Berufsausbildung

1996–1999	Aufbaustudium Wirtschaftsrecht an der Fernuniversität Hagen
1982–1989	Studium der Wirtschaftswissenschaften Universität Frankfurt/M. Abschluss: Diplom-Kauffrau
1979–1981	Ausbildung zur Industrie-Kauffrau Gropius-Werke, Fulda Abschluss: Industrie-Kauffrau

Schulische Ausbildung

1977–1979	Höhere Handelsschule, Fulda Abschluss: Fachhochschulreife

SANDRA HAUSER, DIPLOM-KAUFFRAU

1975–1977	Handelsschule, Fulda Abschluss: Mittlere Reife
1967–1975	Grund- und Hauptschule, Fulda

Weiterbildung/Seminare

06/00	SAP R/3 Anwendung SAP Deutschland – Schulungszentrum
04–06/1998	Englisch-Intensivkurs Berlitz School, Stuttgart
03/97	SBS Softwareseminar Finanzbuchhaltung SBS Software GmbH, Bretten
06/96	Rhetorik für Führungskräfte Dr. Roland, Essen
06/95	Verkaufsgespräch-Seminar IHK, Frankfurt/M.
09/91	Messekompakt-Seminar M-Event Service GmbH, Frankfurt

Sonstiges

Meine Stärken liegen	in der Projekt- und Teamarbeit im konzeptionell geprägten Arbeiten
Ich bin	begeisterungsfähig stets bereit, neue Aufgaben zu übernehmen und mich weiterzubilden

Hamburg, 22. 5. 2001 Sandra Hauser

SANDRA HAUSER, DIPLOM-KAUFFRAU

JOHANNES FÜRSTENBERG

CURRICULUM VITAE

Objective:
Position with responsibility in the international safari business

Travel Guide Experience

International Travel Guide (since 1979)
international tour leader for round trips
throughout Europe, South Africa, Asia and Australia

Lectures and Seminars (since 1995)
Lectures on cultural, political and wild life themes
for various companies and organizations

Promotion and Program Development

Developed Public Relations campaigns
Created company brochures and wrote press material
Organisation of press conferences and presentations
Developed new programs for the Safari Tour Guides
Opened up new market segments for the guides
Developed quality standards for visitors' services
Promoted cooperation with various clients, including World Wild Life Fund,
commercial enterprises and private customers

Skills

Languages
fluent (spoken and written) in German, English and Dutch

IT
applications: MS-Office (Word, PowerPoint, Excel)
standard bookkeeping and reservation systems

Education

M.A. in Anthropology, University of Frankfurt/M. 1993
NLP-Practitioner, VNLPD e.V., Frankfurt/M., 1992
Training in rhetoric, communication and presenting techniques, 1987–1996

References

Krüger Safari Company, Mozambique, Osttransvaal Travel, S&P, Ikarus,
Namibia Expedition and safari tours such as Shongolo, Victor, Constanza,
Thornybush and Garden Star.

LEBENSLAUF

Martina Seipold

geboren am 26. Oktober 1953 in Gelsenkirchen
ledig, ortsungebunden

Beruflicher Werdegang

seit 06/1998 **Mitarbeiterin im Bereich Beteiligungscontrolling/ Unternehmensplanung**

seit 01/1993 **Assistentin der Geschäftsführung**
BAUINVEST GmbH, Augsburg
- Operative Unternehmensplanung der Beteiligungsunternehmen (Budget/Wirtschaftsplanung)
- Berichtswesen der Beteiligungsunternehmen mit Abweichungsanalysen
- Wirtschaftlichkeitsanalysen von Projekten
- Vorbereitung der Geschäftsführung auf Sitzungen der Gremien
- Protokollerstellung und Beschlusskontrolle

1990–1993 **Direktionsassistentin**
Ripocop Beratungsgesellschaft mbH & Co., Düsseldorf
- Gesamte Buchhaltung
- Vorarbeiten zur Erstellung des Jahresabschlusses
- Office-Management
- Assistenz bei der Implementierung von DV-Komplettlösungen für nationale und internationale Unternehmen

1989 **Mitarbeiterin der Bilanzbuchhaltung**
DS Sensortechnik GmbH, Düsseldorf
- Buchführung
- Jahres- und Quartals-Abschlussarbeiten

1987–1988 **Mitarbeiterin der Finanzbuchhaltung**
Apex GmbH, Gelsenkirchen
- Debitoren- und Kreditorenbuchhaltung
- Liquiditätsplanung und Statistiken
- Analyse betriebswirtschaftlicher Kennzahlen

LEBENSLAUF

Martina Seipold

1982–1986	**Leiterin der Verwaltung und des Rechnungswesens** Ing. Hans Napral GmbH & Co. KG, Gelsenkirchen • Lohn- und Gehaltsabrechnung • Planungs- und Auswertungsarbeiten • Vorarbeiten zur Erstellung des Jahresabschlusses • Gewinn- und Verlustrechnung
1977–1981	**Selbstständige Kauffrau** Geschenk-Boutique, Gelsenkirchen • Geschäftsführung
1971–1976 1968–1970	**Mitarbeiterin in der Finanzbuchhaltung** Ausbildung zur Industrie-Kauffrau Rohrbeck Reifen GmbH, Gelsenkirchen • Gesamte Kreditorenabwicklung der Muttergesellschaft sowie mehrerer konzernverbundener Gesellschaften • Debitoren-, Kreditoren- und Sachkontenbuchhaltung einer angeschlossenen Vertriebsgesellschaft

Aus- und Weiterbildung

02/2001	Planungs-Workshop/Stufe IV
02/2000	Führungsseminar/Stufe III
03/1999	Budgetseminar/Stufe II MDWA-Akademie, Nürnberg
1997	Intensivlehrgang Immobilienwirtschaft Management-Institut, Mannheim
10/1995	Führung und Organisation Akademie für Führungskräfte, Bad Honnef
09/1994	Kommunikationstraining Hellinger Seminar, Köln

LEBENSLAUF

Martina Seipold

1993	Euroassistentin (zehnmonatige berufsbegleitende Ausbildung) Abschluss: European Executive Assistant Certificate Institut für interkulturelles Management, Quickborn
1989	Bilanzbuchhalterin (zehnmonatige berufsbegleitende Ausbildung) Auer & Rauch, Düsseldorf
1968–1970	Industrie-Kauffrau (IHK-Prüfung) Rohrbeck Reifen GmbH, Gelsenkirchen

Schulbildung

1968	Mittlere Reife Städtische Realschule, Gelsenkirchen
1986	Fachabitur für Wirtschaft Fachoberschule für Wirtschaft, Gelsenkirchen

EDV-Kenntnisse

Fundierte Kenntnisse im Einsatz moderner Softwarepakete der Büroautomation (Tabellenkalkulation, Textverarbeitung, Grafik/MS-Office) sowie in spezifischen, administrativen Applikationen (DATEV, Fibu)

Sprachkenntnisse

Englisch	fließend in Wort und Schrift (Business Englisch Third Level, London Chamber of Commerce)
Französisch	Grundkenntnisse
Spanisch	Grundkenntnisse

Augsburg, 9. Juli 2001 Martina Seipold

Anmerkungen zu den Beispielen

Sandra Hauser

Hier liegt eine klassische Variante des Lebenslaufes vor, der von der Unternehmensberatung in den Bereich Controlling führt. Der Lebenslauf insgesamt ist kurz, informativ und übersichtlich gestaltet. Zum Ausdruck kommt dabei die Zielstrebigkeit der Bewerberin und ihre Fähigkeit, Wesentliches auf den Punkt zu bringen. Hobbys fehlen gänzlich, möglicherweise weil die Bewerberin keine wirklich überraschenden Interessen vorzuweisen hat. In diesem Fall unser Rat: Weglassen. Unter der Überschrift »Sonstiges« kommt stattdessen ein Persönlichkeitsprofil zur Geltung.

Johannes Fürstenberg

Herr Fürstenberg bewirbt sich mit einem englischsprachigen Curriculum Vitae in Südafrika. An oberster Stelle steht deshalb das Berufsziel. Der Berufsweg wird übersichtlich und prägnant unter zwei thematischen Blöcken zusammengefasst. Einzelne Schwerpunkte werden danach angeführt. Die Chronologie ist in diesem Fall unerheblich. Weiter unten folgen dann die besonderen Kenntnisse (»Skills«) und schließlich die Ausbildung (»Education«), wobei nicht zwischen Weiterbildung und Studium getrennt wird. Besonders wichtig bei englischen Bewerbungen: die Referenzen. Das Curriculum fällt durch seine besondere Gestaltung auf: Die Textzeilen sind mittig zentriert, was die Aufmerksamkeit des Lesers fesseln dürfte. Wichtig: Internationale, englischsprachige Bewerbungen sollten nicht länger als eine Seite sein und dürfen ruhig im Tonfall selbstbewusster Überzeugung formuliert werden!

Martina Seipold

Frau Seipold präsentiert einen sehr detaillierten, klassisch-gediegenen Lebenslauf in der chronologisch rückwärtsgerichteten Variante. Mit drei Seiten Umfang ist der Lebenslauf recht umfangreich, was jedoch durch die langjährigen Berufserfahrungen der Bewerberin und die Position – Assistentin der Geschäftsführung – gerechtfertigt erscheint. Der Lebenslauf wird mit den entsprechenden Überschriften »Beruflicher Werdegang« etc. unterteilt. Optisch hervorgehoben sind die jeweiligen Tätigkeitsbezeichnungen. Es werden alle inhaltlichen Arbeitsschwerpunkte genannt, die für die neue Stelle von Bedeutung sind. Alle Angaben tragen dazu bei, den beachtlichen Karriereweg von Frau Seipold zu demonstrieren. Fundierte Sprach- und EDV-Kenntnisse werden mit entsprechenden Stichworten nachgewiesen.

M A R I E - L U I S E   H I L S C H E R
Dipl. Ing. Architektin

AM VOLKSPARK 56, 01099 DRESDEN, Tel.: 0351 - 786

Sprachkenntnisse		Englisch – verhandlungssicher Französisch – Grundkenntnisse
EDV		Autocad 12/14/LT Sidoun WinAVA Sirados MS-Office-Anwendungen
Ausbildung		
TU Berlin	1978–1986	Architekturstudium Abschluss: Diplom-Architektin
Berufsweg		
Büro Prof. Steinberg,	1986–1995	**Mitarbeit an den Projekten**
Basel	1986	Stadium Reinach Ausführungsplanung
	1987–1989	Krankenhaus Neuchatel Ausführung und Detailplanung
	1989–1993	Shopping-Center Aarburg Entwurf, Ausführungs- und Detailplanung
	1993	Hochschule Bern Entwurf, Ausführungs- und Detailplanung
	ab 1993	**Projektleitung**
	1993–1995	Erweiterung Flughafen Zürich Entwurf, Ausführungs- und Detailplanung, künstlerische Bauleitung
	1994–1995	Städtebauliches Gutachten Neuchatel Ausbau des Freizeitparks und der Hotelanlage

M A R I E - L U I S E   H I L S C H E R
Dipl. Ing. Architektin

AM VOLKSPARK 56, 01099 DRESDEN, Tel.: 0351 - 786

		Wettbewerbe (Büro Prof. Steinberg)
	1987	Umbau Stadttheater Fribourg
	1988	Konferenz-Zentrum Luzern
	1991	Marine-Museum, Göteborg
	1993	Assembly Hall, Detroit
	1994	Senior Residence Houses Fort Lauderdale/Florida
	1995	Tourist-Center, Aberdeen
Architekturbüro Peter & Bond, Los Angeles	1995–1998	**Co-Projektleitung** Design Museum, Los Angeles Regent Palace Hotel, Los Angeles
TU Dresden	1999	**Freie Mitarbeit** und **Lehraufträge**, FB Architektur
Moritz Architekten, Dresden	seit 2000	**Büro- und Gesamtprojektleiterin** für die Planung des Shopping-Center Nord
Eigene Wettbewerbe	seit 1989	
	1995	Wohnungsbau-Wettbewerb Berlin-Schönhausen – Ankauf
	1995	Ideen- und Realisierungswettbewerb Sportstadion Barcelona – 1. Preis
	1999	Realisierungswettbewerb Gemeindezentrum Leipzig – Engere Wahl

Dresden, im August 2001

MARIA TSCHADOW

Vogelsanger Weg 22
40470 Düsseldorf
Tel: 02 11/6 88 95 23
E-Mail: matscha@web.de

Persönliche Daten
geboren am 5. 6. 1970 in Bremen
ledig, ortsungebunden

Berufliche Erfahrungen

07/2001	Workshop »Erfahrungsbericht Argentinien« Volkswagen AG, Zentraleinrichtung Weiterbildung und Führungskräfteentwicklung	Wolfsburg
06/2001	Interkulturelles Training für ein deutsch-brasilianisches Team Siemens AG	München
2000–2001	Konzeption und Implementierung interkultureller Trainings Brose Fahrzeugteile GmbH & Co.	Querétaro (Mexiko)
12/1999	Interkulturelles Teamtraining für eine deutsch-indische Gruppe, Co-Trainerin	Bangalore (Indien)
1997–1999	Praktikum in der Abteilung für Internationalisierungsprozesse, Konzeption und Organisation von interkulturellen Trainings Siemens AG	Berlin
1997–1999	Süddeutsche Zeitung, freie Mitarbeit	München
1997	Süddeutsche Zeitung, Praktikum	München
1996–1997	Assistenz bei der Organisation und Durchführung von Großveranstaltungen für eine Partei Veranstaltungsagentur MindMatter	Berlin

MARIA TSCHADOW

Universität

1993–1999	Studentische Hilfskraft in der ZE Sprachlabor Universität Frankfurt/M.	Frankfurt/M.
1992	Frankfurter Allgemeine Zeitung, Praktikum	Frankfurt/M.
1990–2000	Studium der Philosophie, Publizistik und Spanisch, Universität Frankfurt/M. Abschluss: M.A. (gut) Magisterarbeit: »Die Auseinandersetzung mit der Diktatur Francos in der spanischen Gegenwartsliteratur«	Frankfurt/M.

Auslandsaufenthalte

1993–1994	Nueva Universidad de Mexico	Mexico-Citiy
1993	Theater-Projekt in Argentinien	Buenos Aires
1989–1990	Einjähriges Auslandsstudium in den USA University of Berkley	San Francisco

Fremdsprachen

Spanisch und Englisch fließend in Wort und Schrift
Französisch – Grundkenntnisse

EDV-Kenntnisse

Windows 98
Microsoft Office 2000 Anwendungen
Internet

Hobbies

Segeln / Skifahren / Reisen

Düsseldorf, 30. 5. 2001 Maria Tschadow

Lebenslauf

Persönliche Daten	**Helga Fuchs** geboren am 9. September 1961 in Darmstadt ledig, ortsungebunden
Schulausbildung	
1967–1971	Grundschule, Darmstadt
1971–1979	Gymnasium, Darmstadt Abschluss: Abitur
Berufsausbildung	
1979–1981	Ausbildung zur Außenhandelskauffrau Murowicki Handelsgesellschaft mbH, Darmstadt
Studium	
1981–1986	Studium der Dokumentationswissenschaften Fachhochschule Elektrotechnik, Maschinenbau und Bibliothekswesen, Darmstadt
Berufserfahrung	
1986–1991	Kaufmännische und technische Angestellte Bislinghoff Steuerungstechnik, Ludwigshafen
1991–1994	DV-Organisatorin Abteilung Anwendungssoftware SHS Ingenieurbüro GmbH, Heidelberg
seit 01/12/1994	Anwendungs- und Systembetreuerin Abteilung DVO (Datenverarbeitung/Organisation) GFAD Gesellschaft für angewandte Datentechnik, Heidelberg
Sprachkenntnisse	Englisch – gut in Wort und Schrift
Persönliche Interessen	Tango tanzen, klassische Musik, Aquarellmalen

Heidelberg, 23/05/2001

Anmerkungen zu den Beispielen

Marie-Luise Hilscher

Die Architektin Marie-Luise Hilscher gibt mit ihrem Lebenslauf zugleich eine Arbeitsprobe ihrer gestalterischen Fähigkeiten ab. Ungewöhnlich ist die dreispaltige Aufteilung mit der Nennung der Jahreszahlen in der Mitte. Der Lebenslauf ist gegliedert in Ausbildung, Berufsweg und eigene Wettbewerbe. Alle Angaben konzentrieren sich auf Namen, Orte und Projekte: Die jeweiligen Architekturbüros und Arbeitgeber werden genannt und die Projekte tabellarisch in der rechten Spalte aufgezählt. Auf diese Weise kommen eindrucksvoll die beruflichen Erfolge von Frau Hilscher zum Ausdruck. Anschaulich wird der internationale berufliche Lebensweg und die außergewöhnlichen Ergebnisse.

Maria Tschadow

Adresse und Foto befinden sich diesmal auf dem Lebenslauf selbst. Auch fällt sofort die neu kreierte dritte Spalte ins Auge: die Orte, an denen die Bewerberin gearbeitet und studiert hat. Damit wird zweierlei erreicht: Zum einen demonstriert sie Flexibilität und Auslandspraxis, zum anderen zeigt sie auch durch die optische Gestaltung, wie bedeutsam dieser Punkt ist. Insgesamt ist diese Variante des Lebenslaufes eine tabellarisch konventionell geordnete, sehr gelungene Darstellung, die bereits optische Schwerpunkte setzt. Da den zukünftigen Arbeitgeber ihre Praxiserfahrungen und -qualifikationen mehr interessieren als die Schulausbildung, wurde letzteres ganz weggelassen und die Reihenfolge entsprechend umgedreht.

Helga Fuchs

Frau Fuchs wählt die klassische chronologische Variante, die zu einem geradlinigen Berufsweg passt. Klar gegliedert und optisch ohne Schnickschnack gibt dieser Lebenslauf einen guten Überblick über die wichtigsten Stationen im Leben von Helga Fuchs. Dabei ist es in Ordnung, dass es diesmal bei einer Seite bleibt, schließlich entwirft Helga Fuchs zusätzlich ein Qualifikationsprofil (siehe Seite 257). Zur Form bleibt noch anzumerken, dass es nicht mehr enger hätte werden dürfen. Ein Lebenslauf sollte nicht um jeden Preis auf eine Seite gequetscht werden!

Dr. Franziska Klein • Rheinstraße 3 • 55116 Mainz • Tel.: 0 61 31 / 8 51 42 64

Berufserfahrungen

seit 03/99	**Orion Pharma GmbH, Hamburg** Systemvertriebsspezialistin Antiinfektive/Antibiotika Gebietsverantwortung für Sachsen-Anhalt und Brandenburg
11/1993–02/1999	**Ventiv Health, Frankfurt/M.** Produktmanagerin im Außendienst Antiinfektive/Antibiotika Großraum Hannover, Düsseldorf, Köln, Frankfurt/M.
07/1992–10/1993	**Ökoplan e.V., Frankfurt/M.** Beraterin im Bereich Umwelt Arbeitsschwerpunkte: • Entwicklung, Organisation und Vermarktung einer Umweltfirmendatenbank • Koordination und Abwicklung eines Förderprojektes für umwelttechnische Beratungen
02–06/1992	Technische Universität Frankfurt/M., Institut für Chemie Wissenschaftliche Mitarbeiterin (Doktorandin) Arbeitsgruppe von Prof. Dr. Hannes Obermaier

Ausbildung

1989–1992	**Technische Universität Frankfurt/M.** Promotionsstudium Abschluss: Dr. rer. nat. Thema der Doktorarbeit: »Analytische chemische Untersuchung von Propicillin zweier verschiedener Hersteller in Bezug auf ihre Reinheit und Eignung für die Herstellung von Antibiotika«
1983–1989	**Technische Universität Frankfurt/M.** Chemiestudium Abschluss: Dipl.-Ing. Thema der Diplomarbeit: »Entwicklung eines plasmochemischen Analyseverfahrens für polymere Stoffe«
1974–1982	**Gymnasium, Bochum** Abschluss: Abitur

Fremdsprachenkenntnisse und EDV

Englisch	gut in Wort und Schrift
Französisch	Grundkenntnisse
EDV	Macintosh, Microsoft-Office-Anwendungen

Mainz, 3. 7. 2001 Franziska Klein

ALDA FACIO SCHMIDT
Karl-Friedrich-Straße 22, 66391 Heidelberg, Tel.: (03 33) 29 48 57 56, E-Mail: alda@gmx.de

– seguir los pasos –

Lebenslauf

seit 1999	**Area Sales Manager**, Heidelberg PartyLite GmbH (weltweit führender Kerzenhersteller) zuständig für Hessen, Baden-Württemberg, Bayern <u>Aufgabenfelder</u> Kundenakquisition, persönlich und telefonisch Pflege des Kundenstamms (Industrie und Werbemittelhändler) Entwicklung und Durchführung von Marketing- und Verkaufskonzepten Coaching der Field Sales Force in der Verkaufsargumentation Messevorbereitung und -durchführung
1997–1999	**Sachbearbeiterin Import Sales Service**, Neckarsulm Lidl Stiftung & Co. KG <u>Aufgabenfelder</u> Betreuung der Kunden-Accounts Erstellung von Marktanalysen
1995–1997	**Sprachlehrerin** für (Geschäfts-)Spanisch an zwei privaten Sprachschulen in Deutschland
1993–1994	**Sales Marketing Executive**, Montevideo Gilette Corp. <u>Aufgabenfelder</u> Auf- und Ausbau des Kundennetzes Entwicklung von Marketingstrategien

ALDA FACIO SCHMIDT

Karl-Friedrich-Straße 22, 66391 Heidelberg, Tel.: (03 33) 29 48 57 56, E-Mail: alda@gmx.de

– seguir los pasos –

FORTBILDUNG

1998	**PR- und Pressearbeit** Management-Institut St. Gallen
1997	**Kommunikation**, VHS
1996–1998	**Außenhandelskauffrau** Studiengang an der Akademie für Welthandel München Abschluss: Außenhandelskauffrau
1996	**EDV-Lehrgang**, VHS Grundlagentraining Windows 95

UNIVERSITÄT

1992–1993	**Betriebliches Absatzmanagement und Marketing** College, Montevideo Abschluss: Post Graduate Diploma empirische Untersuchung: Theorie und Praxis globaler Marketingstrategien am Beispiel des Konzerns Goodyear Dunlop Tires
1990–1993	**Betriebswirtschaftslehre** Universität Montevideo
1988–1990	**Studienfächer: Geschichte, Politik und Deutsch** Universität Montevideo Abschluss: Bachelor of Arts

SCHULE

1986–1988	America del Sur College, Montevideo Abschluss: Higher Secondary School Certificate

Heidelberg, 18. 6. 2001 Alda Facio Schmidt

Anmerkungen zu den Beispielen

Franziska Klein

Frau Dr. Klein entscheidet sich für eine chronologisch umgekehrte, sonst sehr klassische Variante des Lebenslaufes, die durch Kürze und klare formale Gestaltung überzeugt. Alle Berufsstationen sind hier lückenlos dokumentiert, sogar mit Monats- und Jahreszahlen. Bei der Präsentation der Unternehmen verlässt sich die Bewerberin darauf, dass die Namen ihrer Arbeitgeber für sich sprechen. Bei Unternehmen von Rang und Namen ist dieser Schachzug legitim und clever.

Sie versäumt es allerdings, mit der Angabe von Hobbys und Interessen dem Leser eine Vorstellung vom Menschen hinter den Zahlen, Daten und Fakten zu geben.

Alda Facio Schmidt

Der Lebenslauf von Alda Facio Schmidt fällt durch kleine, ungewöhnliche Gestaltungsmotive auf. Mit einem originellen Leitmotiv, nämlich »seguir los pasos«, macht Frau Schmidt den Leser neugierig auf Weiteres. Die persönlichen Daten hat Frau Schmidt bereits auf einer Einleitungsseite vermerkt, zu denen auch die Staatsangehörigkeit, Fremdsprachenkenntnisse sowie Arbeitserlaubnis und Daten zur Übersiedlung nach Deutschland zählen. Über die Staatsangehörigkeit müsste Frau Schmidt kein Wort verlieren, doch bei ihrem ausländisch klingenden Vornamen hat sie wahrscheinlich mit Nachfragen zu rechnen. Für die Darstellung des Werdegangs wählt sie eine umgekehrte Chronologie und zählt Berufsleben und Ausbildung in zwei getrennten Listen auf. Durch die Angabe von Jahreszahlen gelingt es ihr, kleine Lücken im Lebenslauf zu überspielen.

»Dritte Seite«

In manchen Ratgebern wird den Bewerbern empfohlen, eine so genannte »Dritte Seite« zu entwickeln. Um es gleich vorweg zu sagen: Wir teilen diese Einschätzung nicht. Anstelle einer »Dritten Seite« schlagen wir vor, ein Qualifikationsprofil zu erstellen (siehe das Kapitel »Qualifikationsprofil«, ab Seite 231). Der Vollständigkeit halber wollen wir die »Dritte Seite« aber hier vorstellen.

Die »Dritte Seite« soll dem Leser eine besondere Botschaft übermitteln. Als Erweiterung zum Lebenslauf dient sie vor allem dazu, Interesse für die Person des Bewerbers zu erwecken. Als Überschrift bietet sich an:

- »Das sollten Sie über mich wissen«
- »Warum ich mich für die Stelle als ... bewerbe«
- »Zu meiner Person«
- (gegebenenfalls in einer englischen Bewerbung) »Letter of motivation«.

Es sollte Ihnen gelingen, in wenigen Worten ein stimmiges Bild von sich zu zeichnen und Argumente zu liefern, warum Sie als Bewerber in die engere Auswahl gehören. Es versteht sich fast von selbst, dass Ihre Begründung zur Stelle und zu Ihrer Persönlichkeit passen sollte. Aber Vorsicht! Erliegen Sie nicht der Versuchung, diese Seite mit Allgemeinplätzen und Lobeshymnen auf die eigene Person zu füllen (»Ich bin kreativ«, ein »Organisationstalent« etc.). Wer keine wirklich originelle und kreative Idee hat, lässt die Dritte Seite besser weg! Ein weiteres Tabu: Abkupfern aus Ratgebern! Personalchefs kennen diese Varianten in- und auswendig.

Wenn Sie sich für eine »Dritte Seite« entscheiden, sollten Sie gut überlegen, wie Sie Ihre Person mit wenigen Worten treffend darstellen können. Fassen Sie sich kurz in Anbetracht der Tatsache, dass die Verantwortlichen in den Personalabteilungen nur wenige Minuten in die Bewertung einer Bewerbung investieren können oder wollen.

Beispiele für eine »Dritte Seite«

DIPL.-KFM. WALTER OETINGER
Hofkamp 41 – 42103 Wuppertal – Tel: 02 02 - 9 34 48 31

Was Sie sonst noch von mir wissen sollten:

Der Mensch … In meiner Freizeit steht die Familie obenan. Als Ausgleich zur beruflichen Tätigkeit treibe ich viel Sport, vornehmlich Dauerlauf und Tennis, fahre aber auch sehr gerne Fahrrad. Ein gutes Buch entspannt mich und verschafft mir die Konzentration und die Energie, die ich für den nächsten Tag brauche.
Im privaten Bereich hat auch die Weiterbildung im Bereich der EDV einen hohen Stellenwert. Dadurch habe ich mir einen hohen Kenntnisstand bei moderner Anwendungssoftware verschaffen können, der mich täglich bei der Lösung von Problemen unterstützt. Durch Lesen von Wirtschaftsliteratur vertiefe und festige ich die gewonnenen Kenntnisse des Studiums.

Was mich qualifiziert … Durch meine Projektarbeit bin ich es gewohnt, eigenverantwortlich im Sinne des Unternehmens zu handeln. Ich muss häufig unter Zeitdruck und physischer und psychischer Belastung Entscheidungen treffen. Dabei bin ich in der Lage, Kritik an meinen Entscheidungen umzusetzen und mein Team sachgerecht zu führen.
Meine persönlichen Eigenschaften wie Zuhören können sowie ruhig und ausgeglichen auf andere Menschen zu wirken sind von Vorteil, wenn es um die Lösung von Problemen der Optimierung von Arbeitsprozessen geht.
Bei der Erfassung komplexer organisatorischer Probleme und in der Konsensfindung mit unterschiedlichen Partnern habe ich praktische Erfahrungen sammeln können.

Warum ich … In der Position als Projektentwickler bin ich es gewohnt, mit vertraulichen Informationen verantwortlich umzugehen. Meine Loyalität gegenüber meinem Arbeitgeber ist mir sehr wichtig, wie ich auch Loyalität des Arbeitgebers mir gegenüber erwarte. Ich bin es gewohnt, Menschen unterschiedlichster Bildung und sozialer Herkunft zu führen und habe darin langjährige praktische Erfahrungen sammeln können. Meine Familie und ich sind europaweit mobil und verfügen über gute englische Sprachkenntnisse.

MARIE-LUISE HILSCHER
Dipl. Ing. Architektin
AM VOLKSPARK 56, 01099 DRESDEN, Tel.: 0351 - 786

Zu meiner Person

Im Vorfeld unseres Gesprächs möchte ich Ihnen mein berufliches und persönliches Profil vorstellen.

Durch meine technische und geisteswissenschaftliche Ausbildung als Architektin bin ich geschult, gleichzeitig konzeptionell und praxisorientiert zu arbeiten sowie übergreifende Zusammenhänge zu erkennen.

Als Architektin bin ich es gewohnt, mein Umfeld in jeder Hinsicht – sei es räumlich oder geistig – kreativ zu gestalten und habe keine Scheu vor Baustellen jeder Art.

Meine kulturwissenschaftliche Kompetenz umfasst das Wissen über mentale und gesellschaftliche Entwicklungen und Verhältnisse sowie das methodologische Instrumentarium zu deren Analyse.

Die Tatsache, dass ich in unterschiedlichen kulturellen Räumen – in den USA, der Schweiz und in Deutschland – beruflich erfolgreich war und bin, zeigt, dass ich mich in unterschiedlichen nationalen und sozialen Umfeldern kreativ durchsetzen kann.

Dank meines – sowohl in geografischer als auch in professioneller Hinsicht – ausgesprochen abwechslungsreichen Curriculums lernte ich, mir langfristige Ziele zu setzen und diese in eigener Regie zu verfolgen und zu erreichen.

Ich verfüge über gute Kontakte zu den wissenschaftlichen, politischen, wirtschaftlichen und journalistischen Kreisen in Los Angeles, Basel, Berlin, Dresden und New York.

ALDA FACIO SCHMIDT

Karl-Friedrich-Straße 22, 66391 Heidelberg, Tel.: (03 33) 29 48 57 56, E-Mail: alda@gmx.de

– seguir los pasos –

Resümee

DIE PERSON

Ich bin ein optimistischer, zielstrebiger Mensch mit ausgeprägtem Selbstvertrauen. Stress betrachte ich als Herausforderung. Ich kann Sachverhalte rasch erfassen und besitze ein großes Organisationstalent. Meine Berufs- und Lebenserfahrung und meine gut entwickelte Fähigkeit, zu kommunizieren und mit Menschen umzugehen, machen mich erfolgreich. Und – ich habe Humor.

DER ANSPORN

Erfolg ist meine Antriebsfeder, Ziele zu setzen und zu erreichen mein Steckenpferd. Dann weiß und fühle ich, dass ich meine Zeit sinnvoll und richtig genutzt habe. Andere mitzuziehen und daran teilhaben zu lassen ist die Erfüllung. Erfolg ist teilbar.

DIE ARBEIT

Lernbereitschaft und Flexibilität waren für meinen beruflichen Aufstieg entscheidend. Ich kann Menschen begeistern und überzeugen. Besondere Sensibilität für Marktentwicklungen und Marketing, Dienstleistungsdenken und gewissenhaftes Arbeiten gehören zu meinen Stärken. Durch die internationale Ausrichtung aller meiner bisherigen Stellen bin ich es gewohnt, mich auf einem global market zu bewegen.

ZWISCHEN DEN KULTUREN

Menschen handeln aufgrund ihrer kulturellen Prägung, individuellen Überzeugungen und der situativen Gegebenheiten. Aufgewachsen in einer anderen Kultur, habe ich mir seit meiner Übersiedlung nach Deutschland eine für mich neue Lebensart angeeignet. Deshalb bin ich mir der Unterschiedlichkeit menschlicher Handlungsweisen bewusster als jene, für die die eigene Kultur selbstverständlich ist. Dies ermöglichte mir, Voreingenommenheit und starre Perspektiven abzulegen und mein Leben auf der Basis eines umfassenden Verständnisses für Menschen zu gestalten. Beruflich und persönlich profitiere ich davon immer wieder.

Qualifikationsprofil

Eine Möglichkeit, Ihre Bewerbungsmappe aufzuwerten und sich positiv von anderen abzuheben, ist die Gestaltung eines Qualifikationsprofils. Im Qualifikationsprofil fassen Sie Ihre beruflichen Fähigkeiten für ein bestimmtes, vorab definiertes Zielpublikum zusammen. Mit anderen Worten: Es sollte ein sorgfältig maßgeschneidertes Marketing-Instrument in eigener Sache sein.

Ein Qualifikationsprofil hat Ähnlichkeiten mit einem Verkaufsprospekt, wobei Sie beziehungsweise Ihr Können das Produkt und der zukünftige Arbeitgeber den Kunden darstellen. Doch Vorsicht: Verfallen Sie nicht in den Ton der Selbstanpreisung und schamlosen Übertreibung! Ihr Ziel ist schließlich die Einladung zu einem Vorstellungsgespräch, das Qualifikationsprofil ist bloß ein Instrument, um dieses Ziel zu erreichen. Der Schwerpunkt sollte auf überprüfbaren Ergebnissen und Fähigkeiten liegen, weniger auf subjektiven Fähigkeiten wie Persönlichkeitsmerkmale oder Einstellungen. Personalchefs wollen konkret wissen, was Sie für die Firma tun können, wenn Sie eingestellt werden. Der beste Indikator dafür sind berufliche Erfolge in der Vergangenheit und nicht die Feststellung, ob Sie ein netter Mensch oder ein harter Arbeiter sind.

Ein Qualifikationsprofil ist eine Dokumentation Ihrer beruflichen Vergangenheit, zugleich sollte es auf die zukünftige Stelle ausgerichtet sein. Das kann eine gewünschte Einstiegsposition, ein besonderes Arbeitsfeld, eine bestimmte Person, die Sie ansprechen möchten oder eine Position sein, die Sie gerne neu schaffen möchten. An vorderster Stelle stehen deshalb diejenigen Fähigkeiten, die Sie in der neuen Stelle einsetzen wollen.

Ein berufliches Profil sollte zum einen sinnvolle Zusatzinformationen über Fähigkeiten enthalten, die im Lebenslauf keinen Platz hatten. Zum anderen bietet sich die Erstellung eines Qualifikationsprofils vor allem dann an, wenn Sie in (zeitlich befristeten) Projekten gearbeitet haben. In bestimmten Bereichen der Wirtschaft, insbesondere in der IT-Branche und der New Economy, steht die Projekterfahrung im Vordergrund. In der Bewertung von Berufserfahrungen ist in diesen Fällen die Erfahrung mit Projekten wichtiger als ein geradliniger, nach oben weisender Weg der beruflichen Entwicklung. In ihrem Qualifikationsprofil stellen Sie die wichtigsten Projekterfahrungen in den Mittelpunkt.

Wichtig ist der Nachweis, dass Sie sich wertvolle Erfahrungen in der Projektarbeit angeeignet haben. Auch hier kommt es darauf an, dass Sie mit der Auswahl und in der Reihenfolge der Auflistung von Tätigkeitsschwerpunkten die richtigen Akzente für den zukünftigen Job setzen. Alle Angaben sollten auf die kommende Arbeitsstelle ausgerichtet sein. Dafür ist es notwendig, dass Sie sich mit der Stellenausschreibung und Ihren beruflichen Qualifikationen auseinandersetzen.

In drei Schritten zum Profil

1. Analyse der Stellenbeschreibung und der Anforderungen

Sammeln Sie Informationen über das Unternehmen, bei dem Sie sich bewerben. Analysieren Sie die Anforderungen der Stelle, für die Sie sich bewerben und erstellen Sie ein Anforderungsprofil. Halten Sie schriftlich fest:

- Mit welchen Herausforderungen ist die Firma konfrontiert?
- Welche Art von Mitarbeiter wird gesucht?
- Welche Qualifikationen werden von den zukünftigen Mitarbeitern verlangt?
- Welche Aufgaben und Ziele sind mit der zu besetzenden Position verbunden?

Unterscheiden Sie bei den Anforderungen zwischen Muss-Faktoren und Kann-Faktoren und bringen Sie die einzelnen Faktoren in eine Rangordnung nach Wichtigkeit. In neun von zehn Fällen suchen die Unternehmen jemanden, der als Problemlöser fungiert. In Ihrem Qualifikationsprofil machen Sie dem zukünftigen Chef klar, dass Sie der richtige Kandidat sind und seine Probleme lösen werden.

2. Erstellen eines persönlichen Qualifikationsprofils

Bleiben Sie jedoch realistisch! Um ein persönliches Profil anzufertigen, müssen Sie sich zuerst einen Überblick über Ihre Fachkompetenzen und Ihre Schlüsselqualifikationen verschaffen.

Fachliche Qualifikationen

Zu den fachlichen Qualifikationen werden Ausbildung, Studium, Spezialkenntnisse, Berufstätigkeit und fachliche Aufgabengebiete gerechnet. Richten Sie den Blick auf Ihre Berufsbiografie und überlegen Sie:

- Welche Berufsausbildung haben Sie?
- Welchen Abschluss haben Sie erworben?
- Was waren Ihre Ausbildungs- beziehungsweise Studienschwerpunkte?
- Welche beruflichen Fähigkeiten, Kenntnisse und Erfahrungen besitzen Sie?

- Mit welchen konkreten Aufgaben waren Sie betraut?
- Haben Sie auf bestimmten Gebieten Spezialwissen erworben?
- Besitzen Sie Branchenkenntnisse?
- Welche Themen haben Ihr besonderes Interesse geweckt?
- Haben Sie Projekterfahrung? Wenn ja, welche Fähigkeiten haben Sie dabei zum Einsatz gebracht?
- Unter welchen Rahmenbedingungen arbeiteten Sie in der Vergangenheit gerne?
- Wo konnten Sie Ihre besten Leistungen erbringen?
- Was waren Ihre größten Erfolge?
- Welche außerberuflichen Tätigkeiten könnten Sie für ein Unternehmen besonders interessant machen?
- Haben Sie Sprach- und EDV-Kenntnisse?

Schlüsselqualifikationen

Auf Schlüsselqualifikationen wird von Unternehmen zunehmend Wert gelegt. Dem liegt die Einsicht zugrunde, dass die so genannten Soft Skills vielfach darüber entscheiden, ob ein Kandidat sein Fachwissen auch erfolgreich einsetzen kann. Insbesondere bei Team- und Projektarbeit sowie bei der Besetzung von Führungspositionen wird man nach Ihren Schlüsselqualifikationen fragen. Je nach Branche und Aufgabenbereich stehen dabei unterschiedliche extrafunktionale Fähigkeiten im Mittelpunkt.

Die zehn gefragtesten Soft Skills auf der Wunschliste der Unternehmen:

- Teamorientierung
- Kommunikationsfähigkeit
- Organisationsfähigkeit
- Flexibilität
- Mobilität

- Emotionale Intelligenz
- Motivation
- Durchsetzungsvermögen
- Kreativität
- Analytisches und logisches Denken

Weitere oft geforderte Fähigkeiten sind: Belastbarkeit, Lernbereitschaft, Selbstreflexionsbereitschaft, Konfliktlösungsfähigkeit, Kritikfähigkeit, konzeptionelle Fähigkeiten und Lernbereitschaft. Überlegen Sie:

- Was haben Sie einem Unternehmen neben fachlichem Know-how noch anzubieten?
- Durch welche Soft Skills zeichnen Sie sich aus und wo kamen diese zum Einsatz?

3. Abgleich des persönlichen Profils mit dem Anforderungsprofil

Ihr Qualifikationsprofil sollte weitgehend mit den Bedürfnissen des Arbeitgebers übereinstimmen. Gleichen Sie deshalb Ihr persönliches Profil mit dem Anforderungsprofil der Stelle ab. Überlegen Sie, welche Ihrer persönlichen Stärken zur Position und zum Unternehmen besonders gut passen. Suchen Sie nach konkreten Situationen in Ihrer Berufsbiografie, in denen Sie Ihre Stärken unter Beweis gestellt haben. Konzentrieren Sie sich bei der Erstellung eines Qualifikationsprofils auf die wesentlichsten Punkte:

- Wo liegen Ihre besonderen Qualifikationen und wo haben Sie diese eingesetzt?
- Was sind Ihre Stärken und wo haben Sie diese unter Beweis gestellt?

Worauf es ankommt

- Zeigen Sie Profil in Ihrer Selbstdarstellung! Liefern Sie dem Personalverantwortlichen Argumente, warum man gerade Sie einstellen sollte. Was unterscheidet Sie von anderen Bewerbern? Machen Sie deutlich, was Sie können und wie Sie dieses Wissen für das Unternehmen einsetzen wollen.
- Vermeiden Sie abstrakte Formulierungen, wenn es um die Darstellung von Kompetenzen geht, also das bloße Aufzählen von Begriffen wie »Teamorientierung«, »Kreativität«, »Flexibilität« etc. Ohne konkrete Beispiele ist dies nicht aussagekräftig. Besser: »Meine Motivation zeigt sich darin, dass ich in der Online-Betreuung der Kunden eine Erweiterung meines Tätigkeitsbereiches gesucht und diese neuen Aufgaben als Herausforderung betrachtet habe, die ich in kurzer Zeit bewältigt habe.«
- Auch im Qualifikationsprofil rufen Sie mit der richtigen Wortwahl Sympathien für Ihre Person hervor. Prägen Sie sich Schlüsselbegriffe ein, die das Unternehmen in seinen Imagebroschüren verwendet, und nutzen Sie diese gezielt in der Darstellung Ihrer Qualifikationen.

Unser Tipp:

Ein Qualifikationsprofil ist besonders empfehlenswert, wenn Sie sich über einen Personalberater bei einem Unternehmen bewerben. In diesem Fall wird Ihr Anschreiben wahrscheinlich nicht an das Unternehmen weitergereicht werden. Gleiches gilt, wenn Sie auf einer Messe Ihre Bewerbungsunterlagen abgeben wollen und sich nicht von vornherein an ein bestimmtes Unternehmen wenden. Im Qualifikationsprofil können Sie alles, was Sie sonst im Anschreiben anführen, gesondert darstellen. Formulieren Sie zentrale Aussagen zu Ihren beruflichen Erfahrungen, den Ausbildungsschwerpunkten und den dabei erworbenen Kompetenzen.

Gestaltungsmöglichkeiten

Es liegt auch an Ihrem Gestaltungsgeschick, den Leser durch eine gelungene Struktur (oder Gliederung) von Ihren Fähigkeiten zu überzeugen. Die Art und Weise, wie Sie sich präsentieren, entscheidet über das Maß an Aufmerksamkeit, das Sie beim Leser erwecken. Ihr Ansatz sollte Sinn machen in Bezug auf die Stelle, die Leser und Ihre Qualifikationen. Wenn Sie sich bei einem konservativen Unternehmen bewerben, sollten Sie Ihr Qualifikationsprofil eher traditionell, nach funktionalen Aspekten, verfassen. Anders zum Beispiel bei einer Agentur oder einem Musiklabel – hier ist Kreativität erwünscht. Letztendlich ist es eine Frage der Betonung. Sie müssen sich entscheiden: Sollen Ihre Positionen und Titel im Vordergrund stehen oder Ihre Fähigkeiten und Erfolge? Oder eine bestimmte Kombination aus beidem? Wir stellen Ihnen im Folgenden einige Gestaltungsmöglichkeiten vor:

Zielgerichtetes Qualifikationsprofil

Dieses Profil ist speziell für jene Bewerber geeignet, die berufsrelevante Erfahrungen aufzuweisen haben, deren letzter Job aber nicht im gewünschten Arbeitsbereich liegt. Im Qualifikationsprofil strukturieren Sie Ihre beruflichen Erfahrungen mit Hilfe von Oberbegriffen. Die Überschriften werden nach Tätigkeits- und Themenschwerpunkten gewählt. Mit der Wahl von zielgerichteten Überschriften haben Sie die Möglichkeit, die wichtigsten beruflichen Qualifikationen an oberster Stelle zu platzieren und damit eine unvorteilhafte Chronologie zu vermeiden.

Vorteilhaft für:

- Bewerber mit Berufserfahrung, deren letzte Stelle jedoch nicht im angestrebten Arbeitsbereich lag

Fähigkeitsprofil

Das Fähigkeitsprofil ist ein sehr flexibler, funktioneller Ansatz. Es werden Fähigkeiten aufgelistet, die für die zukünftige Stelle bedeutsam sind. Die Qualifikationen werden in Kategorien zusammengefasst, beispielsweise unter »Marketing«, »Beratung«, »Forschungstätigkeiten« oder Ähnlichem und Ihre Erfahrungen mit konkreten Beispielen belegt. Das Fähigkeitsprofil kann um die jeweiligen Arbeitgeber und Zeitangaben ergänzt werden.

Sie müssen sich bei der Auflistung nicht auf die Fähigkeiten beschränken, die Sie am Arbeitsplatz erworben haben. Auch in ehrenamtlichen Tätigkeiten haben Sie schließlich Erfahrungen gemacht, die Sie für bestimmte Aufgaben qualifizieren.

Vorteilhaft für:

- Absolventen und Bewerber mit wenig Berufserfahrung
- Bewerber mit mehreren ähnlichen Positionen
- Bewerber mit inkonsistentem Berufsweg
- Karrierewechsel

Profil der beruflichen Erfolge

Unter bestimmten Umständen kann es sinnvoll sein, Ihre beruflichen Erfolge überblicksweise aufzulisten – dann nämlich, wenn Sie eine beeindruckende Liste vorzuweisen haben. Der zukünftige Arbeitgeber erhält so einen Überblick über Ihr Leistungspotenzial und Ihre Stärken, die Sie mit konkreten Beispielen und Angaben untermauern sollten.

Vorteilhaft für:

- Erfahrene Arbeitssuchende mit beeindruckenden Erfolgen

Beispiele für Qualifikationsprofile

Wolfgang Reschke • Hechinger Str. 70 • 72072 Tübingen • (07071) - 28 77 05

Summary of Qualifications

- Experience in building and constructing with a solid record in surveying, administration and project management
- Ability to establish, develop and maintain business relationships with clients and co-workers
- Strong negotiation, communication, managerial and interpersonal skills
- Profound knowledge of legislation

Experience

Leadership Skills	General guidance in internal service for approving, reporting, settlement of accounts, contracting
Organisational Skills	Project management Surveying Project administration Assistant of the owner
Facility Management	Reconstruction measures Support of road network and waste water Safety and sanitary regulations on building sites
Sanitation/ Reconstruction	Sanitation of industrial areas Sanitation of asbestos compound TRGS 519
Quality Management	following DIN EN SO 9000-9004

Memberships

Chairman of the German Red Cross, Tübingen

- Designed, coordinated and implemented help activities in Central Africa

Dipl.-Ing. Christoph Meryn
Neumann-Reichardt-Str. 56
50667 Köln
Tel. (05 55) 1 41 82 87

BERUFLICHES PROFIL

Vertrieb

- Akquisition von Kunden in wettbewerbsintensiven Märkten
- Auf- und Ausbau von Exportaktivitäten in Europa und USA
- Vertragsverhandlungen und Abschlüsse mit Großkunden auf Vorstandsebene
- Vertriebskooperationen mit Anbietern von komplementären Produkten
- Durchführung von Vertriebstrainings für Vertriebsmitarbeiter, Kunden und Techniker
- Entwicklung und Einführung von Anreizsystemen für Vertriebsmitarbeiter
- Entwicklung von Preisstrategien im Spannungsfeld mehrstufiger Vertriebssysteme

Marketing

- Planung von Absatz- und Gewinnzahlen
- Entwicklung von Strategien und Kampagnen für qualitative Marktführerschaft
- Konzeption und Einführung von Kundenbindungsprogrammen mit Internetberatung, Kunden-Akademie, Kundenstammtischen, Sponsoring, Organisations- und IT-Beratung für Kunden
- Aufbau und Positionierung neuer Produktsegmente
- Einführung und Kommunikation neuer Produktserien
- Konzeption und Bewertung von Marktanalysen

Technik

- Produktmanagement für Hard- und Software im Bereich computergestützter Messtechnik
- Projektmanagement für Produktentwicklungen mit Teams aus verschiedenen Ländern

Dipl.-Ing. Christoph Meryn
Neumann-Reichardt-Str. 56
50667 Köln
Tel. (05 55) 1 41 82 87

Organisation und EDV

- Optimierung von Lieferfähigkeit und Lagerdrehung
- Entwicklung von Optimierungs-Alternativen für unternehmenskritische IT-Strukturen und Abläufe
- Konzeption von Pflichtenheften und Analyse von Anbietern von Lösungen
- Implementierung von Client/Server-Netzwerken mit Intranet und Extranet
- Analyse von Warenwirtschaftssystemen und PPS
- Beratende Unterstützung bei Firmenakquisitionen im In- und Ausland

Mitarbeiterführung

- Mitarbeitergespräche, Beurteilungen und Zeugnisse
- Auswahl und Einstellung neuer Mitarbeiter
- Mitarbeitercoaching
- Implementierung von Qualifikationsprogrammen für Mitarbeiter
- Mitarbeiterbindung durch Mitarbeiterevents, Incentives, Mitarbeiterzeitung, Schaffung eines motivierenden Arbeitsklimas

Administration

- Budgetierung der Gesamtkosten
- Kostenkontrolle und Analyse von Umsatz- und Gewinnzahlen
- Verhandlungen mit behördlichen Stellen in den Bereichen Umwelt, Gewerbeaufsicht, Arbeitsrecht, Steuer
- Einführung eines Berichtswesens für Vertrieb und Einkauf

Mein Kompetenzprofil

Bildungskompetenz
- Teamentwicklung und -leitung
- Konzeption, Durchführung und Leitung verschiedener Projekte an der FH
- Halten von Vorträgen
- Moderation von Veranstaltungen
- Betreuung von Diplomarbeiten
- Prüfungen vorbereiten und durchführen
- Interkulturelle Aspekte von Weiterbildung

Managementkompetenz
- Entwicklung und Durchführung eines Development-Centers für Weiterbildungsmanager an der Universität Osnabrück
- Planspiel einer Bildungsbedarfsanalyse in mittelständischen Unternehmen
- Mitarbeiterführung
- Personalentwicklung
- Organisationspsychologie

Didaktische Kompetenz
- Einsatz unterschiedlicher Medien
- Rollenspiele als Instrument der Teamentwicklung
- Lehre und Training psychosozialer Methoden
- Training sozialer Kompetenzen
- Kommunikationstraining
- Zeitmanagement
- Erstellung von Skripts und Handbüchern

Psychosoziale Kompetenz
- Therapie und Beratung auf der Grundlage des Psychodramas und der Gestalttherapie
- Coaching
- Supervision
- Analyse von Gruppenprozessen
- Klientenzentrierte Gesprächsführung
- Professioneller Umgang mit Konflikt- und Krisensituationen
- Gesprächsführung

Claudia Kernbach, Bergstraße 72, 49076 Osnabrück
Tel: (05 41) 2 32 47 74, E-Mail: clauke@yahoo.com

Anmerkungen zu den Beispielen

Wolfgang Reschke

Für eine internationale Bewerbung verfasst Herr Reschke ein englischsprachiges Qualifikationsprofil. Er wählt die Überschriften »Profil«, »Experience« und »Additional Experience«. Von der inhaltlichen Gestaltung her ist das ein gutes Beispiel für ein gemischtes Qualifikationsprofil. Unter dem Punkt »Profil« fasst er vier starke Argumente zusammen, die seine Fähigkeiten als Bewerber ins Zentrum der Aufmerksamkeit rücken. Der Punkt »Experience« ist unterteilt in fünf berufsrelevante Erfahrungen. Betont werden hierbei die bereichsübergreifenden Managementfähigkeiten, für die Position eines Bauleiters angemessen. Schließlich wird unter der letzten Überschrift sein ehrenamtliches Engagement für das Rote Kreuz erwähnt – ein zusätzlicher Pluspunkt.

Christoph Meryn

Der Geschäftsführer, Herr Meryn, entwirft ein sehr ausführliches funktionelles Profil, unterteilt in die Schwerpunkte »Vertrieb«, »Marketing«, »Technik«, »Organisation und EDV«, »Mitarbeiterführung« und »Administration«. Sowohl die Auswahl als auch die Reihenfolge ist in sich stimmig. Alle Unterpunkte wurden für die Position eines Geschäftsführers strategisch sinnvoll ausgewählt. Die verwendeten Begriffe beziehungsweise Schlüsselwörter decken sich mit den Erwartungen an das Aufgabengebiet des gehobenen Managements. Es wäre allenfalls zu überlegen, ob nicht in der Kürze mehr Würze liegen könnte. Da Herr Meryn jedoch eine beachtliche Liste an Qualifikationen vorzuweisen hat, halten wir diese Variante für viel versprechend.

Claudia Kernbach

Auffallend ist die ungewöhnliche Form: ein Vier-Felder-Schaubild. Die Überschrift lautet: Kompetenzprofil – und genau darum geht es. Im Bereich Weiterbildungsmanagement beziehungsweise in der Position einer Bildungsreferentin sind in hohem Maße Soft Skills, gepaart mit fundiertem Know-how gefragt. Diese persönlichen Kompetenzen werden mit den Überschriften »Bildungskompetenz«, »Managementkompetenz«, »Didaktische Kompetenz« und »Psychosoziale Kompetenz« auf den Punkt gebracht. In der Art und Weise der Darstellung erhält der Leser den Eindruck, es handelt sich um ineinander greifende, einander ergänzende Fähigkeiten, die zusammen ein sinnvolles Ganzes ergeben.

Jürgen Seifert Hirtenstraße 62 80335 München Tel: 089 - 4 54 39 10

QUALIFIKATIONSPROFIL

Berufspraxis

Aufbau einer Abteilung Datenverarbeitung/Organisation

Aufbau einer DV- und Sprach-Infrastruktur

Entwicklung von Anforderungsprofilen und Pflichtenheften im Bereich Finanzbuchhaltung und Personalwirtschaft

Einführung von Finanzbuchhaltungs- und Personalwirtschafts-Software in Zusammenarbeit mit den zuständigen Fachabteilungen

Informations- und Kommunikationstechnik

DV-Infrastruktur

Server-Technologie

Office-Produkte

Finanzbuchhaltungs-Software

Datenbanken-Software

Mailing- und Work-Flow-Produkte

Computer-Based-Training

Betriebswirtschaftslehre

Finanzbuchhaltung

Anlagenbuchhaltung

Kalkulation

Qualifikationsprofil **MARIKA NITSCHE**

- **CUI Design und Prototyping**
  auf WinNT für das Siemens Marktprodukt NetPlatform-Transport (SYQAR-Transport) mit XFC und Rational Pink
  auf UNIX für das Transport-Netzplanungs-Tool NETOPTION 5000 mit Tools wie UTRE, Softmake und Rational Pink

- **Softwaredesign von Verteilten Anwendungen**
  basierend auf »Five Tier Layer Component Based Applications« für Telekommunikationsnetze, insbesondere REI und TOPET Transportnetzplanung sowie VEN Planung
  Objektorientierter Entwurf für Planung von Digitalen Übertragungsnetzen

- **Datenbankdesign und Programmierung**
  Konzepterstellung und Datenbankmodell für MS-ACCESS und ORACLE8i mit SUPER Tool Shop3000 für Transportnetzplanung
  DB-Programmierung auf WinNT und OTE DB

- **Softwareentwicklung, in erster Linie für den Telekommunikationsbereich**
  auf WinNT mit XFC, BTL, COP, Active Y Component und New Party NSC Library (Stingray Tib von SunWave Software)
  auf UNIX Programmierung in C, C++, X-Windows, ABC-MOTIF

- **Transportnetzplanung (SDH, SONET, WDM)**
  Spezifikation der Anforderungen an ein Planungstool für die Netzoptimierung
  Modellierung der PL1 und TINS Layering Konzepte und der RingPlanungs Konzepte wie BDSHR (Bi-Directional Self Healing Ring)
  Modellierung von Systemen (Chain, Ringe, Tree) und Subnetzen
  Prototype Implementierung von »Network Restauration«
  Equipment Modellierung wie Cross Nect, BEM, TNB, TNS
  Analyse von Funktionen z. B. Simulationen von Knoten- und Kanten-Ausfällen

Qualifikationsprofil **Marika Nitsche**

- **Consulting und Customer Support**
  Consulting und User Requirement Modellierung für NetPlatform-Transport

- Gesamtnetzplanung
  Implementierung der Schnittstellen zwischen NetPlatform-Transport und NetPlatform-Switch, NetPlatform-RR8 und NetPlatform-BSN

- **Systemadministration und Netzwerkadministration auf UNIX/WinNT**
  Management des UNIX-Workstation-Netzes bei debis
  Technischer Vertrieb (Installation, Konfiguration, Updating, Fehlerbehebung)
  Management und Verwaltung des WinNT-LAN Sondernetzes für Entwicklung des NetPlatform-Transport Tools

- **Portierung von Software**
  von UNIX auf WinNT
  von TX-UP auf SUN SOLARIS

- **Internationale Zusammenarbeit**
  MIT – Funktions-Spezifikation der neuen User Interface für SYQAR-Transport auf WinNT
  Future Photonics Minneapolis – Erweiterung des NetPlatform-Transport Tool mit neuen Technologien wie KOLET und AVS für den Einsatz in den USA
  Future Photonics Mailand – Implementierung und Requirement Spezifikation für TMA-TransportDesign für die Entwickler in Italien

- **Präsentation und Workshops**
  Interne Vermarktung des Tools NETPORT 2000
  Erarbeitung von Case Studies für Vorträge (in englischer Sprache)
  Präsentationen und Workshops für debis interne Anwender LG's (in englischer Sprache)

Hans-Peter Hohenfels • Dipl.-Wirtschaftsing. • Kompetenzprofil

KOMPETENZPROFIL

PRODUKTMANAGEMENT & MARKETING

- Durchführung und Beurteilung von Marktanalysen und Marktstudien
- Aufspüren von Markttrends und Umsetzung in Produkte/Dienstleistungen
- Definition von Entwicklungsprojekten
- Erstellen von Businessplänen
- Markteinführung von neuen Produkten
- Gestaltung eines Marketing-Mix
- Definition und Aufbau von Produktportfolios

BUSINESS DEVELOPMENT

- Aufbau strategischer Allianzen im internationalen Umfeld
- Verhandlung und Abschluss von zukunftweisenden Lizenzen
- Erstellung und Abschluss von Projekt-Verträgen

FÜHRUNGSKOMPETENZEN

- Leitung von Projekten in interdisziplinären und internationalen Teams
- Koordination von Key-Account-Managern
- Coachen von Projektleitern
- Schaffung von Akzeptanz
- Initiieren von Projekten
- Moderation und Leitung von interdisziplinären Teams
- Abstimmung mit Kunden, Vertrieb, Controlling, Entwicklung und Produktion
- Kommunikation auf unterschiedlichen Hierarchie-Ebenen

CONTROLLING

- Erstellung von Wirtschaftsplänen für ein Profit-Center
- Erstellung von Monatsberichten und P&L-Berichten
- Entwicklung von Analysetools für Investitionsentscheidungen

Hans-Peter Hohenfels
Hasemannstr. 26, 79117 Freiburg, 07 61 - 8 18 13 91, hph@yahoo.com

JOB ACCOMPLISHMENT

PROFILE

- Experienced product manager and business development manager with a strong combination of marketing, sales, management and technical skills. Extremely well-versed with current developments in the fibre optic market.

NOTABLE ACHIEVEMENTS & EXPERIENCE

- Increased fibre optic business revenues by 500 % over the last two years
- Responsible for the marketing/business development of the FO Centre of Competence
- Development of a worldwide fibre optic strategy
- Set up and define the fibre optic product portfolio
- Leading UMTS key-account group with an European scope
- Leading the worldwide fibre optic team PraxisNET to develop and harmonize the international product portfolio
- Operational responsibility for the marketing mix, product and support of the sales team
- Negotiation an contract settlement of all major licenses for fibre optic
- Developed monthly business reports and worldwide P&L statements for three product areas (annual sales volume DM 200 million)
- Created the first budget plan for a new profit centre
- Designed and implemented a software tool and a database to improve investment decisions for new product facilities in Asia

Anmerkungen zu den Beispielen

Marika Nitsche

Als Software-Entwicklerin mit großem Erfahrungshintergrund konzentriert sich Frau Nitsche im Profil auf die Darstellung Ihrer fachspezifischen Kenntnisse. Da sie eine hochkarätige Bewerberin ist, ist der Umfang von zwei Seiten gerechtfertigt. Das Profil wird den Schlüsselbegriffen der Branche entsprechend gestaltet. Besonderes Augenmerk sollte in diesem und ähnlichen Fällen auf die Reihenfolge und damit auf die Gewichtung der Kompetenzen gelegt werden. An oberster Stelle stehen die Qualifikationen, die für die neue Stelle ein absolutes »Muss« darstellen. Zusätzliche Fähigkeiten und Erfahrungen werden weiter unten aufgeführt.

Zur Optik: Ein schlichtes Qualifikationsprofil ohne Schnörkel und Extravaganz, genau wie es in dem Bereich erwartet wird. Frau Nitsche besticht durch ihr Können, nicht durch eine ausgefallene Präsentation.

Jürgen Seifert

Herr Seifert nennt in seinem Qualifikationsprofil seine Projekterfahrungen und seine Arbeits- beziehungsweise Studienschwerpunkte. Er bewirbt sich in der IT-Organisation und wählt zielgerichtet drei große Überschriften: Projekte, Informations- und Kommunikationstechnik sowie Betriebswirtschaftslehre. Damit deckt er das Spektrum ab, das von einem Mitarbeiter in diesem Bereich erwartet wird. Kritisch sind die zu abstrakten Formulierungen zu sehen. Man erfährt wenig über die Tiefe und den Umfang der Qualifikationen. Zu empfehlen ist diese Darstellung, wenn der Bewerber Basiskenntnisse in diesen Bereichen vorzuweisen hat, aber wenig Berufserfahrung oder Spezialisierungen. In diesem Fall sollte im Anschreiben darauf hingewiesen werden, dass es sich eben um eine relativ breit gefächerte Ausbildung handelt, und es sollten Motive und Ziele für eine zukünftige Entwicklung deutlich gemacht werden.

Hans-Peter Hohenfels

Herr Hohenfels will in den Bereichen Produkt-, Projektmanagement oder Vertrieb in einem internationalen Unternehmen tätig werden. Er kann auf umfangreiche Erfahrungen zurückgreifen. Diese stellt er in seinem Kompetenzprofil vor. Sein spezielles Markenzeichen sind die produktbezogenen Managementqualitäten, die vom Marketing und Business Development über Führungskompetenzen bis zum Controlling reichen. Hier präsentiert sich ein zukünftiger Top-Manager. Er kennt die unterschiedlichen Gepflogenheiten im deutsch- und englischsprachigen Raum. Deshalb verfasst er zwei sehr unterschiedliche Profile.

Hervorheben möchten wir die englische Variante. Außergewöhnlich, weil nur für Bewerber geeignet, die eine respektable Liste an Erfolgen vorzuweisen haben, ist das Leistungsprofil (»Notable achievements & experience«). Hier werden die erreichten Ziele übersichtlich und klar präsentiert.

Frank Krüger
Diplom-Psychologe

Ziele

- Transfer meiner Ressourcen als psychologischer Berater in den Bereich der Personalentwicklung.
- Eine verantwortliche Position, bei der ich meine Vielseitigkeit unter Beweis stellen kann.
- Übernahme neuer kreativer Aufgaben mit der Möglichkeit der Ergebniskontrolle.

Beratungs- und Methodenkompetenz

- Supervision und Coaching von MitarbeiterInnen
- Moderation von Entwicklungsprozessen in unterschiedlichen Kontexten
- Erfahrung im Konfliktmanagement von Einzelpersonen und Gruppen
- Psychodiagnostik und Intervention (Leistungsdiagnostik, Skulpturtechniken u.a.)

Projektmanagement

- Projekterfahrung in interdisziplinären Arbeitsgruppen
- Konzeption und Durchführung von Projekten zur Optimierung der Problemlösungskultur in Unternehmen

Leitungs- und Führungskompetenz

- Unter Beachtung der Unternehmensziele lege ich Wert auf transparente Leitungsvorgaben und konsensuale Teamprozesse.
- Mein professionelles Handeln ist geprägt durch einen profunden Organisationsblick aufgrund vielfältiger Berufspraxis.

Arbeitsstil und Arbeitshaltung

- auftrags-, ressourcen- und lösungsorientiert
- strukturiert, prozess- und ergebnisorientiert
- systemisch-konstruktivistisches Weltbild
- Denken in Relationen
- feedback-orientiert
- professionelle Selbstreflexion

Anna Weismann · Bahnhofstr. 33 · 97070 Würzburg · Tel: 0391 - 543 540

FÄHIGKEITSPROFIL

Klassische Sekretariatsaufgaben

- Selbstständige, geschäftsleitende Verwaltungsorganisation mit Bankvollmacht
- Korrespondenz, selbstständig oder nach Diktiergerät
- Tägliche Bearbeitung des Postein- und -ausganges
- Telefonzentrale
- Protokollerstellung bei Teambesprechungen, Bauleitertreffen und Kuratoriumssitzungen

Organisatorische Aufgaben

- Überwachung des Wareneinganges
- Organisation von Wohn-, Freizeit- und Selbsterfahrungsgruppen
- Anleitung von kfm. Auszubildenden, Praktikanten und Zivildienstleistenden
- Vorbereitung und Gestaltung von Sitzungen

Kaufmännischer Bereich

- Pflege der Personalakten
- Durchführung und Erstellung von Abrechnungen und Verwendungsnachweisen bis zur Unterschriftsreife für Senatsverwaltung, Arbeitsamt, Rentenversicherungsträger und kassenärztliche Vereinigung
- Verwalten der Projekt-Kassenbücher per EDV
- Errechnen und Zahlung der Gehälter im DATEV-Verfahren
- Überwachen des Zahlungs- und Abrechnungsverkehrs
- Überprüfung der eingegangenen Rechnungen
- Vorbereitende Arbeiten für die Buchhaltung zur Gehaltsabrechnung des Baulohnes

Sonstiges

- Beratung von Hilfesuchenden und deren Angehörigen
- Erfahrung im Umgang mit Menschen

BERUFLICHE SCHWERPUNKTE

Controlling/Internes Rechnungswesen

- Budgeterstellung, -pflege- und -überwachung
- Soll/Ist-Analyse
- Reporterstellung zu Ertrags- und Aufwandsvergleichen, Führungszahlen, Umsatz, Niederlassungsvergleichen, Kostenträgerauswertungen
- Einführung einer Kostenstellen-/Kostenträgerrechnung inklusive Erarbeitung entsprechender Reports
- Liquiditätspläne
- Sonderauswertungen zur Rentabilität für Investitionsentscheidungen

Finanz- und Rechnungswesen

- Leitung der Kreditorenbuchhaltung mit Zeichnungsberechtigung
- Stellvertretung der Debitorenbuchhaltung
- Abwicklung des Zahlungsverkehrs, auch mit Electronic Banking
- Jahresabschlusstätigkeiten
- Vereinheitlichung des GuV- und Bilanzaufbaues für eine Firmengruppe und EDV-Umsetzung
- Überwachung der Einhaltung firmeninterner Buchungsrichtlinien
- Einführung einer EDV-gestützten Anlagenbuchhaltung und Erarbeitung von entsprechenden Auswertungen

Marketing/Marktforschung

- Erstellung von Analysen über Standort und Kundenstruktur
- Entwicklung von Konzepten zur Verbesserung der Verkaufsförderung: Kundenservice, Ladeneinrichtung und Außendarstellung
- Mitarbeit an Werbe- und Messeaktionen: Anzeigengestaltung, Prospekterstellung
- Erarbeitung und Organisation von Seminaren zu den Themen: Personal, Betriebswirtschaft, Marketing, Verkaufsförderung

SANDRA HAUSER, DIPLOM-KAUFFRAU

Anmerkungen zu den Beispielen

Frank Krüger

Sein Profil basiert auf soliden Fachkompetenzen und wird ergänzt durch persönliche Fähigkeiten, die Herrn Krüger aus der Masse der Bewerber hervorheben. Aber auch die »persönliche Note« ist sachlich: Benannt werden Arbeitsstil und Arbeitshaltung sowie die Ziele des Bewerbers. Insgesamt besticht die Bewerbung durch Konzentration auf das Wesentliche und ist dennoch individuell gehalten. Herr Krüger gibt zu erkennen, dass er die Sprache der Unternehmen beherrscht. An der Schnittstelle zwischen Unternehmen – dem konservativen Bankenbereich – und Personalbereich zeichnet Herr Krüger sich durch einen genau bemessenen Tonfall und die richtigen Schlüsselworte aus.

Anna Weismann

Frau Weismanns Fähigkeitsprofil fällt durch die optische Gestaltung auf und setzt damit den Layout-Stil des Lebenslaufes fort. Für die Bewerbung als Sekretärin ist dies vorteilhaft: Ideenreichtum in der Gestaltung von Dokumenten und Unterlagen ist ein zusätzlicher Bonus. Ihre Gliederung in die drei Bereiche macht deutlich, dass sie fachlich mehr als eine klassische Sekretärin zu bieten hat. In komprimierter und übersichtlicher Form erfährt der Personalchef, wo das Unternehmen von einer Einstellung der Bewerberin einen speziellen Nutzen hätte.

Sandra Hauser

Die Bewerberin für das Controlling erstellt ein Profil der beruflichen Erfahrungen. Die drei Themenüberschriften werden in der Reihenfolge »Controlling/Internes Rechnungswesen«, »Finanz- und Rechnungswesen« und schließlich »Marketing/Marktforschung« gewichtet. Das Profil ist sachlich und optisch nicht zu auffallend, was für eine Stelle im Controlling ratsam ist.

MARIA TSCHADOW
Vogelsanger Weg 22
40470 Düsseldorf
Tel: 02 11/6 88 95 23
E-Mail: matscha@web.de

PROFIL

Internationale Management- und Organisationsentwicklung

- Organisation und Konzeption von Trainingsmaßnahmen im interkulturellen Kontext
- Implementierung eines Konzeptes zur Vorbereitung von Mitarbeitern auf ihren Auslandsaufenthalt (interkulturelle Gruppen- und Einzeltrainings für Expatriates)
- Entwicklung von Teamtrainings zur Unterstützung der deutsch-brasilianischen Zusammenarbeit
- Erfahrung im Umgang mit modernen Instrumenten der strategischen internationalen Personalentwicklung
- Aneignung von Maßnahmen für die Reintegration von Mitarbeitern nach ihrem Auslandsaufenthalt und zur Unterstützung von Integrationsprozessen

Personalentwicklung

- Vorbereitung von Trainingsmaßnahmen: Vorgespräche mit den Auftraggebern, Akquisition der Trainer, Konzept und Design sowie Marketing der Veranstaltung
- Aktive Gestaltung von Seminaren als Co-Trainerin
- Erstellung von Abschlussberichten und Konzeptvorschlägen für weiterführende Folgeveranstaltungen
- Evaluation von internen Seminaren sowie externen Train-the-Trainer Workshops
- Erfahrung im Umgang mit modernen Lern- und Trainingsmethoden

Journalistische Tätigkeit

- Freie Mitarbeit bei einer überregionalen Tageszeitung, Recherche und Verfassen von Beiträgen zu Kultur und Gesellschaft
- Schnelle Einarbeitung in neue Sachverhalte und Kontakte zu unterschiedlichsten Menschen sowie Einblicke in verschiedenste Kultur- und Lebensbereiche

Sonstige Qualifikationen

- Hohe Einsatzbereitschaft und Analysestärke
- Einfühlungsvermögen und Freude an Teamarbeit

PROFIL — Helga Fuchs

Entwicklung kaufmännischer Anwendungssoftware

Testen von unter UNIX erstellten Anwendungsprogrammen
Erstellen von Handbüchern
Schulung und Betreuung von Anwendern

Systemübergreifender Datenaustausch

Schnittstellen-Management zw. UNIX und SAP R2
Bereitstellen der Daten für MIS

EDV-Kenntnisse

Betriebssystem	Windows 95/98/2000/NT
MS-Office-Produkte	Excel 2000, Word 2000, Access 2000, Outlook 98, Power Point
Betriebssystem	UNIX/LINUX
Anwendungssoftware	Informix SQL
SAP R2	
Sonstige Programme	Visio 4.5, PageMaker 6.5, Corel Draw 8.0, Photoshop, Norton, Anti-Viren-Standardprogramme

Beratungs- und Schulungskompetenz

Einführung von MS-Office-Programmteilen
Organisation und Durchführung von Schulungen
Unterstützung der Anwender vor Ort und per Hotline

Organisationswissen

Differenzierte und fundierte Kenntnisse von Arbeitsabläufen und Zusammenhängen in einer Firma

Persönliche Kompetenzen

Fähigkeit, sehr anwendernah/praxisorientiert neue Programmmodule vorzustellen
sehr flexibel
hohe Einsatzbereitschaft
Organisationstalent (wenig Zeit/gutes Ergebnis)

Anmerkungen zu den Beispielen

Maria Tschadow

Als Bewerberin für die Boston Consulting Group erstellt Frau Tschadow ein zielgerichtetes Profil. Von der Form her ist dieses übersichtlich gegliedert und modern. Durch kleine Details in der Reihung und Gestaltung macht Frau Tschadow auf sich aufmerksam. So steht die Überschrift »Profil« diesmal oben rechtsbündig, eine kleine Variation, die dem Dokument einen Ausdruck von Individualität verleiht. Vorbildlich zu nennen ist auch die Angabe der vollständigen Adresse inklusive Telefonnummer und E-Mail. Zum Inhalt: Die Gliederung macht deutlich, dass Frau Tschadow bereits viele praxisrelevante Erfahrungen gesammelt hat. Alle wichtigen Positionen werden erwähnt und vermitteln ein positives, zielstrebiges Bild der Bewerberin. Anmerkung: Dass Frau Tschadow 10 Jahre studiert hat, fällt dabei geschickt unter den Tisch.

Helga Fuchs

Das Profil von Frau Fuchs überzeugt durch seine klare und informative Gestaltung. Die gewählten Überschriften lassen auf den ersten Blick das Wesentliche erfassen. Zusammengefasst und in Unterpunkten ausgeführt werden hier Angaben zu berufsrelevanten Erfahrungen, Wissen und Kompetenzen der Bewerberin. Inhaltlich überzeugt die Darstellung durch Allgemeinverständlichkeit: Auch die Personalabteilung erkennt sofort die Vorzüge, die Frau Fuchs zu bieten hat.

Zeugnisse

Arbeitszeugnisse sind Dokumente. Sie sind Bestandteil einer jeden Bewerbungsmappe und geben Auskunft darüber, ob ein Arbeitgeber mit den Leistungen und dem Verhalten des Arbeitnehmers insgesamt zufrieden war oder nicht.

Der Bewerbung sind Zeugniskopien in chronologischer Reihenfolge beizufügen und zwar beginnend mit dem aktuellen Zeugnis, dann die weiteren Arbeitszeugnisse, eventuell das Hochschulabschluss-Zeugnis, die Diplom- und Promotionsurkunde, das Ausbildungszeugnis, das Abitur-Zeugnis sowie das Schulabschlusszeugnis. Ihre Berufsstationen, angefangen mit dem letzten Job bis hin zur Ausbildung, werden möglichst lückenlos mit entsprechenden Zeugnissen nachgewiesen. Je länger Sie im Job sind, desto eher können Sie Schulzeugnisse und Praktikumszeugnisse weglassen. Fehlende Arbeitszeugnisse aber erwecken das Misstrauen der Personalverantwortlichen.

Verschicken Sie die Zeugnisse niemals im Original, sondern nur in Form von Fotokopien. Es ist nicht notwendig, Zeugnisse beglaubigen zu lassen. Im Zweifelsfall können sie mit dem Original verglichen werden. Verwenden Sie nur gut lesbare Kopien ohne Eselsohren und Schmutzrückstände. Fotokopien mit unlesbaren Elementen, schwarzen Rändern und abgegriffenem Papier gelten als schlampig und deuten auf mangelndes Interesse des Bewerbers hin.

Arbeitszeugnisse dienen dem Personalchef als Befähigungsnachweis. Sie sollen über die ausgeübte Tätigkeit und die Leistung und Führung des Bewerbers wahrheitsgemäß Auskunft geben. Für die Beurteilung des Bewerbers gilt: Je anspruchsvoller die zu besetzende Stelle, desto wichtiger ist das Arbeitszeugnis. Viele Personalfachleute betrachten Zeugnisse allerdings mit einer Portion Misstrauen. Das Arbeitszeugnis allein ist selten ausschlaggebend für die Auswahl eines Bewerbers. Eine Bedeutung wird dem Zeugnis vor allem in der Vorauswahl beigemessen im Sinne einer Negativselektion. Ein schiefer Austrittstermin, der im Zeugnis nicht erklärt wird oder ein schlechtes Arbeitszeugnis kann schnell zum K.O.-Kriterium werden. Bereiten Sie sich gegebenenfalls darauf vor, dass missverständliche oder unklare Zeugnis-Formulierungen im Vorstellungsgespräch zur Sprache gebracht werden.

Eine Anmerkung zur Unterschrift: Es sollte erkennbar sein, welche Position (eine möglichst hohe natürlich) der Unterzeichnende hat, beispielsweise »Hans Meyer, Personalreferent«.

Es gibt mehrere Arten von Zeugnissen. Das einfache Arbeitszeugnis enthält nur Art und Dauer der Beschäftigung und wird für wenig qualifizierte oder kurzfristige Tätigkeiten ausgestellt. Das qualifizierte Zeugnis enthält zusätzlich Aussagen über die Leistung und die Gesamtpersönlichkeit des Arbeitnehmers. Inhalt eines qualifizierten Zeugnisses:

- Angaben zur Person
- Dauer der Beschäftigung mit genauen Daten
- Beschreibung der Tätigkeiten in chronologischer Reihenfolge
- Kenntnisse, Kompetenzen und Erfahrungen des Mitarbeiters
- Beurteilung der Leistungen, Hervorhebung positiver Eigenschaften des Mitarbeiters
- Bewertung der Fortbildungsbereitschaft, besuchte Fortbildungsveranstaltungen
- Beurteilung des Verhaltens gegenüber Vorgesetzten, Kollegen und Dritten

- eventuell Beurteilung der Führungsfähigkeiten
- Gründe für die Beendigung des Arbeitsverhältnisses
- Schlussformel: Dankes- und Wunschformel für die Zukunft

Arbeitszeugnisse sollen einerseits wahr und andererseits wohlwollend sein, so der Gesetzgeber. Aufgrund arbeitsrechtlicher Bestimmungen darf ein Arbeitszeugnis keine negativen Formulierungen über den Arbeitnehmer enthalten. Deshalb hat sich eine Art »Geheimcode« herausgebildet, mit dem negative Eigenschaften verschlüsselt ins Zeugnis aufgenommen werden. Personalverantwortliche erkennen sofort, welche Botschaften sich gegebenenfalls darin »verbergen« können und welche »Techniken« angewandt werden, um eventuelle »schlechte Noten« zum Ausdruck zu bringen. Sie beherrschen die Kunst, »zwischen den Zeilen« zu lesen und achten insbesondere darauf:

- Was fehlt im Zeugnis?
- Wird Unwichtiges anstelle von Wichtigem hervorgehoben?
- Wie ausführlich wird die Leistung beurteilt?
- Überwiegen passive Formulierungen?

Weit verbreitet ist das willkürliche Weglassen positiver und gängiger Formulierungen, um damit die Schwächen des Mitarbeiters hervorzuheben.

Interpretationshilfen für Zeugnisformulierungen

Bei sehr guten Leistungen steht im Zeugnis zu lesen:

- »... hat stets zu unserer vollsten Zufriedenheit gearbeitet.«
- »... waren mit seinen Leistungen immer in jeder Hinsicht außerordentlich zufrieden.«
- »... fanden seine Leistungen stets in jeder Hinsicht unsere vollste Anerkennung.«

Gute Leistungen drücken folgende Formulierungen aus:

- »... hat die ihm übertragenen Leistungen stets zu unserer vollen Zufriedenheit erledigt.«
- »... hat unseren Erwartungen in bester Weise entsprochen.«

Ausreichende Leistungen werden beispielsweise folgendermaßen beschrieben:

- »... wir waren mit seinen Leistungen zufrieden.«

Mangelhafte oder unzureichende Leistungen sowie problematische Verhaltensweisen werden unter anderem mit folgenden Formulierungen umschrieben:

- »... hat sich bemüht, die ihm übertragenen Aufgaben zufriedenstellend zu lösen.«
- »... hat sich bemüht, unseren Erwartungen zu entsprechen.«
- »... setzte sich im Rahmen seiner Möglichkeiten ein.«
- »... erledigte die ihm übertragenen Aufgaben mit großem Fleiß und Interesse.«
- »... hat sein Verhalten ordnungsgemäß gestaltet.«
- »... war wegen seiner Pünktlichkeit stets ein gutes Vorbild.«
- »... trug durch seine Geselligkeit zur Verbesserung des Betriebsklimas bei.«

Unser Tipp:

Wenn Sie wissen wollen, was die Formulierungen in Ihren Arbeitszeugnissen wirklich bedeuten, können Sie im Internet unter: www.zeugnis-doktor.de nachsehen. Dort finden Sie umfangreiche Zeugnis-Textbausteine aufgelistet.

Individuelle Zeugnisberatung bietet [beruf + konzept] in Berlin, auch über Telefon und E-Mail: (0 30 / 85 07 76 56, zeugnis@beruf-konzept.de).

Beispiele für Zeugnisse

Zwischenzeugnis

Frau Helga Fuchs, geboren am 2. 4. 1960 in Darmstadt, ist seit dem 1. 5. 1994 in unserem Unternehmen als Anwendungs- und Systembetreuerin tätig.
Zu Ihrem Aufgaben- und Zuständigkeitsbereich in der Abteilung DVO (Datenverarbeitung/Organisation) gehört die eigenverantwortliche Erledigung von Arbeiten in den Bereichen:

1. Entwicklung kfm. Anwendungssoftware
- Testen von im Hause erstellter Anwendungsprogramme unter dem Betriebssystem UNIX, in den Anwendungsbereichen
  Debitoren-/Kreditoren
  Angebots-/Auftragswesen
  Kfm. Auftragsabwicklung einschließlich Kontaktmanagement
  Statistische Auswertungen
  Material-/Lagerwirtschaft/Bestellwesen
- Erstellen von Handbüchern und Arbeitsanweisungen
- Einführung und Schulung der Anwendungsprogramme
- Unterstützung der Anwender vor Ort bzw. per Hotline-Benutzerservice

2. Systemübergreifender Datentausch/Auswertungen
- Pflege und Kontrolle der Schnittstellen zwischen den operativen Anwendungssystemen unter dem Betriebssystem UNIX und dem Abrechnungssystem SAP R2
- Down- und Uploads zwischen den Systemen
- Erstellen von grafischen Auswertungen unter Excel/Access
- Bereitstellen der Daten für MIS (Management Informations System)

3. Bürokommunikation und -organisation
- Einführung von MS-Office-Programmteilen, hier insbesondere
  MS Word 7.0
  MS Excel 7.0
  MS Outlook (97/98)

- Organisation von Schulungen in diesen Anwendungen
- Unterstützung der Anwender vor Ort bzw. per Hotline-Benutzerservice
- Erstellen firmeninterner Formblätter (Vorlagen)

4. Abteilungsorganisation
- Führen eines Lagers für EDV-Materialien
- Einkauf HW/SW/Zubehör
- Organisation abteilungsinterner Geschäftsprozesse

Zur beruflichen Weiterbildung absolvierte Frau Helga Fuchs über den Zeitraum von zwei Jahren sehr erfolgreich Englisch-Kurse.

Wir haben Frau Helga Fuchs als eine sehr verantwortungsbewusste und flexible Mitarbeiterin kennen gelernt. Sie führt die ihr übertragenen Aufgaben stets gründlich, zuverlässig und zügig sowie eigenständig und termingerecht und stets zu unserer außerordentlichen Zufriedenheit aus. Hierbei kommen ihr eine rasche Auffassungsgabe und konstruktive Denkweise sehr zugute.

Hervorzuheben ist ihr Organisationstalent, ihre Fähigkeit, Programm-Inhalte anwendernah darzustellen und ihre hohe Bereitschaft, neue Aufgaben und Anforderungen anzugehen.

Frau Helga Fuchs ist sehr belastbar und zeigt eine vorbildliche Einsatzbereitschaft, die weit über das normale Maß hinausgeht. Ihr Verhalten gegenüber Vorgesetzten und Kollegen war stets einwandfrei.

Wir danken Frau Fuchs für ihre stets sehr guten Leistungen und freuen uns auf eine weiterhin angenehme Zusammenarbeit. Die Ausstellung dieses Zwischenzeugnisses erfolgt auf Wunsch von Frau Helga Fuchs.

Heidelberg, den 19. 6. 2001

Günter Berger
Personalreferent, GFAD Gesellschaft für angewandte Datentechnik

ZEUGNIS

Frau Helga Fuchs war in der Zeit vom 01. 3. 91 bis 30. 11. 94 als DV-Organisatorin in der Abteilung Anwendersoftware in unserem Hause beschäftigt.

Zu ihren Aufgaben gehörten die Einrichtung einer Systematik für die Archivierung von zugekaufter und selbst erstellter Software, die Pflege und Verwahrung von Handbüchern und Arbeitsgeräten und die Anfertigung von Software-Enddokumentationen in Auslieferungsform für den Endkunden.

Frau Fuchs unterstützte den Abteilungsleiter Anwendersoftware und abteilungsübergreifend auch die artverwandten Aufgabenbereiche zusätzlich in allgemeinen technischen Sekretariatsangelegenheiten.

Auf mehrere Semester Dokumentationswesen aufbauend und aus einem branchenähnlichen Betrieb kommend, war Frau Fuchs quasi sofort für den oben angegebenen Aufgabenbereich einsetzbar. Ihre Stärken sind die konstruktive und kreative Denkweise bei der Neueinrichtung von Verfahren sowie Initiative und Einsatzfreude bei deren Realisierung. Ein gutes Vorstellungsvermögen verbunden mit der Fähigkeit zur Autodidaktik ermöglicht ihr den raschen und effektiven Umgang mit programmtechnischen Hilfsmitteln.

Frau Fuchs reagierte stets sehr flexibel auf die verschiedensten Anforderungen aus den Projektbearbeitungsgruppen und erledigte ihre Aufgaben zeit- und formgerecht.

Ihr Verhalten gegenüber Vorgesetzten war stets einwandfrei, im Kollegenkreis genießt sie Respekt und Anerkennung. Sie hat entschieden dazu beigetragen, dass das Betriebsklima offen, freundlich und von gegenseitigem Vertrauen geprägt war.

Wir stellen Frau Fuchs dieses Zeugnis aus, weil wir unsere Geschäftstätigkeit zum 31. 10. 94 eingestellt haben. Wir wünschen ihr für ihren weiteren Berufsweg viel Erfolg und danken für ihre Mitwirkung in unserem Betrieb.

Heidelberg, 31. 10. 1994

Gabriele Schwarz
Leiterin der Abteilung Human Ressources
SHS Ingenierbüro GmbH

Interpretation

Es handelt sich in beiden Fällen um ausgezeichnete Zeugnisse einer sehr guten Mitarbeiterin. Die Tätigkeitsbeschreibungen sind exakt und im ersten Zeugnis auch sehr ausführlich. Ihre Bereitschaft zur Weiterbildung wird positiv erwähnt. Ihr Arbeitsstil, ihre besonderen Leistungen und ihre Stärken werden hervorgehoben. Die Beurteilung ihrer Leistungen und des Verhaltens gegenüber Vorgesetzten und Kollegen ist umfassend und hervorragend. Die Gründe des Ausscheidens werden im zweiten Zeugnis genannt und die guten Wünsche für den beruflichen Werdegang lassen keinen Zweifel, dass es sich wirklich um eine außerordentlich wertvolle Mitarbeiterin handelt.

BAUINVEST GmbH
Augsburg

Zwischenzeugnis

Frau Martina Seipold, geboren am 26. Oktober 1953, ist seit dem 1. Januar 1993 in unserem Unternehmen als Assistentin der Geschäftsführung und des Aufsichtsrates tätig. Sie war bis zu ihrem jetzt vollzogenen Wechsel in den Bereich Beteiligungscontrolling/Unternehmensplanung der Geschäftsführung unmittelbar zugeordnet.

Die Zeitspanne der Assistenztätigkeit Frau Seipolds war durch rasante und turbulente Marktentwicklungen in allen Tätigkeitsfeldern unserer Gesellschaft geprägt. Das Unternehmen, das sich 1993 noch im Aufbau befand, wurde deshalb neu strukturiert und zu einer Unternehmensgruppe mit zahlreichen Beteiligungen ausgebaut. Durch die Umsetzung landesentwicklungspolitischer Zielsetzungen und die Realisierung von Immobilienprojekten stand das Unternehmen dabei im Rampenlicht des öffentlichen Interesses.

Frau Seipold hat in dieser Zeit sehr wertvolle Arbeit für uns geleistet. Ihr Aufgabenspektrum umfasste neben der konstanten Begleitung der Geschäftsführung in ausnahmslos allen Gremiensitzungen auch und vor allem die selbstständige und eigenverantwortliche Organisation, Vorbereitung, Protokollführung und Nachbereitung der

- Jour fixe der Geschäftsführung der Muttergesellschaft und unserer Beteiligungen
- Geschäftsleitungsrunden
- Sitzungen des Aufsichtsrates und seiner Ausschüsse
- Sitzungen des Beirates
- Gesellschafterversammlungen der Beteiligungsgesellschaften und
- Gesellschafterversammlungen der Muttergesellschaft.

Dies schloss neben der Beratung der Geschäftsbereiche bei der Fertigung von Vorlagen vor allem die Abstimmung und Kommunikation mit den Gremienmitgliedern und die Schlussredaktion der Sitzungsunterlagen ein. Dabei bewies Frau Seipold großes Kommunikationsgeschick. Im Rahmen der Nachbereitung dieser Sitzungen kommunizierte sie unternehmensintern die Sitzungsergebnisse und führte die Beschluss- und Terminkontrolle durch.

Die Frau Seipold eigenverantwortlich obliegende Protokollerstellung sämtlicher Aufsichtsratssitzungen und Gesellschafterversammlungen war jederzeit ein Garant für die einwandfreie Dokumentation aller wichtigen geschäftlichen Entscheidungen. Dafür genießt sie auch bei unserem Gesellschafter und den Mitgliedern des Aufsichtsrates höchste Anerkennung. Frau Seipold ist eine ausgezeichnete Organisatorin. Dies zeigte nicht nur die für das Gelingen wichtiger Sitzungen so maßgebliche immer perfekte Vorbereitung, sondern auch die von ihr eingeführte beispielgebende Aktenordnung, die Archivierung der Unterlagen und die Entwicklung eines EDV-gestützten Aufsichtsrats-Dokumentations-Systems.

Frau Seipold hat diesen Aufgabenbereich im Spannungsfeld Aufsichtsrat, Geschäftsführung und Beteiligungen mit Geschick und Takt so geleitet, dass die beteiligten Personen und Institutionen sich sowohl verstanden als auch korrekt behandelt fühlten.

Frau Seipold verfügt über umfassende und vielseitige Fachkenntnisse und ist in der Lage, auch komplexe Situationen zutreffend zu erkennen und schnell Lösungen zu finden. Sie arbeitet mit Überblick und dabei sorgfältig im Detail. Sie zeigte stets Eigeninitiative und führte alle erforderlichen Maßnahmen rationell und entschlossen durch.
Ihr Arbeitsstil ist durch Engagement und Gewissenhaftigkeit geprägt und sie bewältigte auch unter schwierigen Bedingungen und stärkstem Arbeitsanfall alle ihr gestellten Aufgaben präzise, zuverlässig und termingerecht. Ihre Urteilsfähigkeit ist geprägt durch klare und logische Gedankenführung, die sie, gepaart mit ihrem diplomatischen Geschick, zu einer geschätzten Ansprechpartnerin werden ließ. Sie überzeugte durch ihre Zuverlässigkeit und ihre Kommunikationsfähigkeit. Die Geschäftsführung konnte sich jederzeit voll auf sie verlassen. Ihr aktiver und kooperativer

Arbeitsstil trug stets zu einer konstruktiven Zusammenarbeit bei. Sie hat uns in fünfjähriger enger Zusammenarbeit stets aktiv unterstützt und entlastet.

Das Auftreten von Frau Seipold ist sicher und bestimmt. Ihre Umgangsformen sind hervorragend und ihr Verhalten gegenüber Vorgesetzten, Mitarbeitern und Geschäftspartnern war stets vorbildlich.
Ganz besondere Wertschätzung verdient ihre immer verlässliche Diskretion und Loyalität.

Frau Seipold wird zum 1. Juni 1998 im Bereich Beteiligungscontrolling eine neue Aufgabe in unserem Unternehmen übernehmen, die ihr die Chance des weiteren beruflichen Aufstiegs bietet.

Augsburg, 31. 5. 1998

Volker Schulze
Leiter der Personalabteilung der BAUINVEST GmbH

Interpretation

Dieses Zeugnis für eine Assistentin der Geschäftsführung ist rundum positiv. Es stellt den stetigen Aufstieg einer qualifizierten Mitarbeiterin vom Eintritt in das Unternehmen über die Umstrukturierung bis zum Aufstieg in das Beteiligungscontrolling dar.

Die Schilderung ihrer fachlichen und vor allem persönlichen Qualifikationen, ihrer Leistungen, ihrer Umgangsformen und ihres Verhaltens gegenüber Vorgesetzten, Mitarbeitern und Geschäftspartnern geben ein deutliches Bild von der Person und ihren speziellen Fähigkeiten.

Das Zeugnis ist von Wertschätzung und Dank getragen. Es ist eine ausgezeichnete Visitenkarte für Frau Seipold und ihren bisherigen Arbeitgeber.

PartyLite GmbH Heidelberg

Zeugnis

Frau Alda Facio Schmidt, geboren am 12. Juli 1970 in Montevideo, Uruguay, trat am 1. April 1999 in unser Unternehmen als Area Sales Managerin ein.

Der Wirkungs- und Verantwortungsbereich von Frau Schmidt umfasste im Wesentlichen die selbstständige ziel- und ergebnisorientierte Leitung der Geschäfte in Hessen, Baden-Württemberg und Bayern. Hauptaufgaben in dieser mit großem Gestaltungsspielraum und Eigenverantwortung ausgestatteten Position waren

- die Akquisition neuer Kunden,
- der Aufbau neuer Märkte,
- die Unterstützung der Marktpartner vor Ort bei der Entwicklung ihrer Märkte durch Aktivitäten im Sales- und Marketingbereich,
- die Vorbereitung und Durchführung von Messen
- sowie das Coaching der Field Sales Force in der Verkaufsargumentation für unsere Produkte und das Unternehmen.

Weitere Schwerpunktaufgaben waren die Evaluierung der Verkaufs-/Marketingkonzepte und -budgets im Hinblick auf die besonderen Erfordernisse der einzelnen Märkte. Des Weiteren galt es Hilfestellung bei deren Verbesserung als auch die Unterstützung unserer Partner zu geben, besonders beim Key-Account-Management. Zusätzlich erstellte Frau Schmidt auch laufende Marktergebnis- und Marktereignisanalysen als Grundlage für spezielle Entwicklungsmaßnahmen.

Frau Schmidt genoss unser volles Vertrauen aufgrund ihrer überdurchschnittlichen Fachqualifikation und ihres ausgeprägten beruflichen Engagements. Sie bewies ein sehr gutes analytisch-konzeptionelles und zugleich pragmatisches Denk- und Urteilsvermögen. Alle Problemstellungen ihres Aufgabengebietes bearbeitete und löste Frau Schmidt immer sehr selbstständig, systematisch und sorgfältig. Die Arbeitsergebnisse von Frau Schmidt waren stets von hoher Qualität. Frau Schmidt besitzt ein umfassendes, detailliertes und aktuelles Fachwissen im Bereich Vertrieb und Marketing und wendete die vorhandenen Methoden/Instrumente und Techniken jederzeit sehr wirksam in ihrer Berufspraxis an. Durch Frau Schmidts verbindliche, aber bestimmte Art hatte sie ein ausgezeichnetes Verhältnis zu ihren Mitarbeitern. Dies führte zu einem sehr produktiven Arbeits- und Betriebsklima. Frau Schmidt hat ihre Aufgaben stets zu unserer vollsten Zufriedenheit wahrgenommen.

Sie überzeugte uns fachlich und persönlich. Ihre Führung war jederzeit vorbildlich – von ihren Vorgesetzten, Kollegen und Mitarbeitern wurde sie sehr geschätzt. Die Zusammenarbeit mit unseren Kunden und Kooperationspartnern war wegen ihrer guten Kontaktfähigkeit immer äußerst positiv und erfolgreich. Besonders hervorzuheben ist ihre Fähigkeit, bei diffizilen Entscheidungen den Konsens zu suchen und zu finden.

Die Beendigung des Arbeitsverhältnisses erfolgt betriebsbedingt im beiderseitigen guten Einvernehmen zum 31. 8. 2001.

Mit Bedauern über ihr Ausscheiden danken wir Frau Schmidt für ihre stets sehr guten Leistungen und die angenehme Zusammenarbeit. Wir wünschen Frau Schmidt auf ihrem zukünftigen Berufs- und Lebensweg alles Gute und weiterhin viel Erfolg.

PartyLite GmbH
Hans-Dieter Ziller
Geschäftsleiter

Heidelberg, 30. 6. 2001

Interpretation

Ebenfalls ein – im Großen und Ganzen – sehr gutes Zeugnis. Der zweite Absatz beschäftigt sich mit den genauen Arbeitsaufgaben und bescheinigt der Beurteilten ein großes Spektrum an Aufgaben und Verantwortung. Nach der ausführlichen Tätigkeitsbeschreibung erfolgt eine sehr detaillierte Darstellung der Arbeitsweise und der Kompetenzen von Frau Schmidt. Diese Absätze sind vom Umfang her der Arbeitsdauer mehr als angemessen und stellen eine sehr positive Würdigung dar. Die Leistungszufriedenheitsaussage ist ebenfalls mit einem »sehr gut« zu bezeichnen. Dann folgt die Verhaltensbeurteilung gegenüber Vorgesetzten, Kollegen und Kunden.

Der Kündigungsgrund lässt allerdings aufhorchen – die Formulierung »betriebsbedingt im beiderseitigen guten Einvernehmen« lässt auf Kündigung von Seiten des Arbeitgebers schließen. In Zusammenhang mit dem Bedauern über das Ausscheiden, dem Dank für die geleistete Arbeit und den guten Wünschen ist aber davon auszugehen, dass es tatsächlich bedauert wird.

Sonstige Bewerbungsunterlagen

Arbeitsproben

Bewerber können anhand von Arbeitsproben an konkreten Beispielen ihre Qualifikationen belegen. Vor allem bei künstlerischen und grafischen Berufen sind Arbeitsproben wie selbst gestaltete Plakate, Fotos, Zeichnungen, Entwürfe, Anzeigen, Zeitungsartikel, Publikationen in Fachzeitschriften, Videos, Web-Sites und Ähnliches eine Entscheidungshilfe.

Zur Reihung: Es kommt natürlich darauf an, welche Arbeitsproben Ihrer Bewerbung beigefügt werden sollen. Generell gilt: Legen Sie nur wirklich aussagekräftige Unterlagen bei und sortieren Sie nach Wichtigkeit.

Liste der Publikationen

Eine Liste der Publikationen macht Sinn, wenn Sie damit Ihre Fachkompetenz, Ihr (internationales) Renommee und Ihre Fähigkeiten der Texterstellung belegen möchten. Überlegen Sie, ob eine Liste Ihrer gesammelten Werke oder eine Selektion der wichtigsten Publikationen – im Hinblick auf die angestrebte Position – die geeignetere Präsentationsform darstellt.

Die Form sollte auf jeden Fall übersichtlich sein und im einheitlichen Layout, das heißt zu den anderen Bewerbungsunterlagen passend, gestaltet werden. Damit belegen Sie, dass Sie sich in jeder Hinsicht Mühe geben.

Als Beispiel zeigen wir die Publikationsliste von Herrn Krüger, die maßgeschneidert für seine Bewerbung als Personalentwickler bei der HypoVereinsbank erstellt wurde. Er demonstriert damit seinen fachlichen Hintergrund als Psychologe, der sich mit Problemen der Organisationsentwicklung auseinander gesetzt hat.

Frank Krüger
Diplom-Psychologe

Auswahl an Publikationen

Krüger, Frank, 2000, »Zur Evaluation des Erfolges einer systemischen Organisationsberatung«, erschienen in: Angewandte Psychologie, IV/2000, S. 32–45

Krüger, Frank, 2000, »Nonresponse in Access: Failure or Respondents Resistance?«, erschienen in: Psychology Today, Heft 2/2000, S. 14–22

Krüger, Frank, 1999, Erfahrung, Erkenntnis und Wissen in der Theorie der systemischen Organisations- und Familienberatung, Frankfurt/M.

Krüger, Frank, 1999, »Exploring Emotional Commitment by Methods of Systemic Intervention«, erschienen in: Journal for Organisational Research, 25.Jg., S. 761–776

Krüger, Frank und Mathew Sayles, 1998, On Coping with Complexity: Organisational Change in Merger Processes, New York/Boston

Krüger, Frank, 1997, »Der Beitrag der systemischen Organisationslehre zum Verständnis von Chance Management«, erschienen in: Organisation und Beratung, Heft 82, S. 21–33

Krüger, Frank, 1996, »Reclaiming the System Theory Approach for Organizational Research«, erschienen in: American Psychological Review, 41, S. 789–796

Krüger, Frank und Valerie Jones, 1996, »Certain Relations among Focus Groups«, erschienen in: Psychology Today, Heft 3/1996, S. 29–34

Inhaltsverzeichnis

Besonders empfehlenswert ist die Erstellung eines Inhaltsverzeichnisses, wenn Sie sehr umfangreiche Bewerbungsunterlagen versenden. Ein Inhaltsverzeichnis ermöglicht dem Leser einen schnellen Überblick über die Anlagen. Er muss dann nicht Seite für Seite durchblättern, sondern weiß, wo er die ihn interessierenden Dokumente finden kann. Das Inhaltsverzeichnis wird nach dem Lebenslauf beziehungsweise nach dem Qualifikationsprofil in die Unterlagen eingefügt.

Wie alle Unterlagen sollte es ansprechend gestaltet werden und vom Layout her zu den anderen Seiten passen.

Beispiele für Inhaltsverzeichnisse

Jürgen Seifert Hirtenstraße 62 80335 München Tel: 089 - 4 54 39 10

INHALTSVERZEICHNIS

Arbeitszeugnisse

Hein GmbH

Deutscher Paritätischer Wohlfahrtsverband

Ludwig-Maximilian-Universität

Fahrradland

Universitätszeugnisse

Vor-Diplom Informatik

Diplom-Zeugnis Betriebswirtschaft

Berufliche Weiterbildung

Change-Management, REFA

Staatliche Förderprogramme für KUM, IHK

Einführung in das Controlling, Seminarzentrum Göttingen

Gesprächs- und Verhandlungsführung, Seminarzentrum Göttingen

Effektives Problemlösen, quenz-akademie

ALDA FACIO SCHMIDT

Karl-Friedrich-Straße 22, 66391 Heidelberg, Tel.: (03 33) 29 48 57 56, E-Mail: alda@gmx.de

– seguir los pasos –

Verzeichnis der Zeugnisse

Zwischenzeugnis PartyLite GmbH

Arbeitszeugnis Lidl Stiftung & Co KG

Zeugnis der Iberika Sprachschule

Zeugnis der Società Espanol

Arbeitszeugnis Gilette Corp., Montevideo

Fortbildungsbescheinigung, Management-Institut St. Gallen

Teilnahmebescheinigung Seminar Kommunikation, VHS

Zertifikat Außenhandelskauffrau, Akademie für Welthandel, München

Teilnahmebescheinigung EDV-Lehrgang, VHS

Teilnahmebescheinigung Grundlagentraining Windows 95, VHS

Post Graduate Diploma, Betriebliches Absatzmanagement und Marketing

Vordiplom Betriebswirtschaftslehre, Universität Montevideo

Zeugnis Bachelor of Arts, Universität Montevideo

Interpretation

Die beiden Beispiele verdeutlichen die unterschiedlichen Gestaltungsmöglichkeiten. Im Beispiel auf Seite 277 werden die Anlagen nach Überschriften sortiert, die Zeugnisse werden thematisch geordnet im Anhang beigefügt.

Nebenstehendes Beispiel fällt durch die Gestaltung auf: Die Zeugnisse werden in Blöcken zusammengefasst. In beiden Fällen steht das aktuelle Dokument an erster Stelle, dann folgen die übrigen Zeugnisse in chronologisch umgekehrter Reihenfolge.

Zum Schluss

Wenn Sie mit unserer Hilfe die einzelnen Bestandteile der Bewerbungsmappe individuell und sorgfältig gestaltet haben, sind Sie auf dem besten Weg zum Job. Wir wünschen Ihnen viel Erfolg für Ihr Bewerbungsvorhaben.

Sollten Sie dennoch weitere Fragen haben oder an individueller Karriereberatung, Coaching oder Seminaren interessiert sind, können Sie sich an [beruf + konzept] in Berlin wenden. Wir beraten Sie persönlich vor Ort oder auch am Telefon zu allen Fragen rund um Bewerbung, Berufsorientierung und Wiedereinstieg.

[beruf + konzept]
Telefon 030 / 85 07 76 56
info@beruf-konzept.de
www.beruf-konzept.de

Register

SO KOMMEN SIE VORAN ...

16267

16193

16309

16310

Mosaik bei GOLDMANN